Der Börsentipp meines Lebens

Liz Claman

Die Originalausgabe erschien unter dem Titel
„The Best Investment Advice I Ever Received“
ISBN: 0-446-57847-9
Die deutsche Ausgabe erscheint in Absprache mit Warner Books, einer Abteilung der Hachette Book Group USA Inc., New York, NY, USA.

Aus dem Amerikanischen von Gérard Mayer und Petra Pyka

Gestaltung und Satz: Johanna Wack, Werbefritz! GmbH, Kulmbach
Druck: Ebner & Spiegel, Ulm

Liz Claman – Der Börsentipp meines Lebens
ISBN 978-3-938350-45-4

Bibliografische Information der Deutschen Bibliothek
Die Deutsche Bibliothek verzeichnet diese Publikation in der Deutschen Nationalbibliografie; detaillierte bibliografische Daten sind im Internet über <http://dnb.ddb.de> abrufbar.

BÖRSEN MEDIEN
AKTIENGESELLSCHAFT

Postfach 1449 • 95305 Kulmbach
Tel. 09221-9051-304 • Fax 09221-9051-4444

Für Gabrielle und Julian

Was macht die Schlacht kämpfenswert?
Was macht den Berg besteigenswert?
Was macht die Frage beantwortenswert?
Was macht den Gedanken reimenswert?
Jemand, nach dem man sich sehnt,
für den man etwas tut oder für den man stirbt,
ich habe euch beide.

„You Two“
Richard M. und Robert B. Sherman

INHALT

Danksagung

Dieses Buch wäre niemals zustande gekommen, wenn mich Bill Adler von Bill Adler Books nicht angesprochen hätte: „Sie müssen dieses Buch unbedingt machen!“ Meinen herzlichen Dank an die hervorragende fachliche Unterstützung durch Dana Beck von Gravity Books, die mich mit viel Geduld anleitete und mir bei jedem einzelnen Schritt beratend und unterstützend zur Seite stand. An Rick Wolff, meinen Redakteur bei Warner Books, der es verstand, mich genau in dem Moment anzufeuern, wenn ich es nötig hatte. Und an Warner Books, mir diese Chance gegeben zu haben. Mein Dank geht auch an meine geschätzten Kollegen Bob O'Brien und Brad Goode, die mit mir zusammen durch dick und dünn gingen. Bob und Suzanne Wright gilt großer Dank für die Hilfe und die kräftige Unterstützung, die sie mir zuteil werden ließen, damit ich mich bei CNBC weiterentwickeln konnte. Und an den Sender CNBC geht ein dickes Dankeschön dafür, dass er mir tagtäglich diese wunderbaren Möglichkeiten einräumte.

Meinem Agenten Ken Lindner, der immer an mich glaubte und ein richtiger Freund wurde. Jack Welch, der in dem Moment, als ich ihm die Buchidee vorstellte, sofort damit begann, mich mit brillanten Vorschlägen zu bombardieren, die alle in dieses Buch einflossen. Meinen herzlichen Dank an meine erfolgreichen Mitautoren, die, obwohl sie sehr beschäftigt waren, sich die Zeit nahmen, ihre gut gehüteten Geheimnisse mit mir und meinen Lesern zu teilen.

Ich habe das große Glück, den klügsten, freundlichsten und großzügigsten Mann auf der Welt zum Vater zu haben. Moe Claman riet mir seit vielen Jahren, ein Buch zu schreiben. Dad, hier ist es! Ich danke dir, dass du mich ermutigt hast und ich über mich selbst hinauswachsen konnte. Dank auch meiner humorvollen und wunderbaren Mutter June. Mom, ich hoffe, du bist stolz auf mich! Dank an meine besten Freunde: meine Schwestern Danielle, Holly und Shoshana und an meinen Bruder Brook für die liebevolle Unterstützung, den Humor und die vielen Telefongespräche am späten Abend oder frühen Morgen aus allen Gegenden Amerikas.

Doch den größten Dank schulde ich den Fixsternen meines Lebens: meinem Ehemann Jeff Kepnes und meinen Kindern Gabrielle und Julian, die meinen Weg hell erleuchten.

Vorwort

Liz Claman hat führende Investoren dafür gewinnen können, in diesem Ratgeber ihre Ideen und Überzeugungen preiszugeben, wie man ein erfolgreicher Anleger wird. Es kamen fast 70 Beiträge zusammen. Die Artikel sind leicht verständlich, völlig unabhängig voneinander und einzelne Themen werden aus unterschiedlichen Perspektiven betrachtet.

Allen Beiträgen liegt die Zielsetzung zugrunde, den Wert des Anlagekapitals, also der Ersparnisse, zu steigern und die Wirkung der Zinseszinsen zu verdeutlichen. Wird ein Betrag von 23.000 Dollar bei der Geburt eines Menschen zu einem jährlichen Zinssatz von sechs Prozent angelegt, steigt er bis zum 65. Lebensjahr auf 1.015.334,35 Dollar an. Zeit und Zinseszins sind magische Faktoren.

Um ein Anlageziel zu erreichen, müssen Sie sparen. Hier erhalten Sie den wichtigen Rat, möglichst früh damit zu beginnen und kontinuierlich weiterzusparen. Außerdem finden Sie eine Vielzahl von Hinweisen, wie Sie ihre Ersparnisse schützen können. Mit anderen Worten: wie Sie das, was Sie angespart haben, nicht wieder verlieren.

Viele Autoren raten dazu, die Anlage zu strukturieren und zu diversifizieren, um mit dieser Strategie eine Rendite in Höhe der durchschnittlichen Marktrendite zu erzielen und nicht alles auf eine Karte zu setzen oder Geld aufgrund des Anlagetipps eines Arbeitskollegen oder des Schwagers anzulegen ohne Kenntnis notwendiger Fakten und Informationen.

Im Laufe der Zeit habe ich immer wieder erlebt, wie selbst intelligente und versierte Anleger falsche finanzielle Entscheidungen trafen. Ich erinnere mich gut an einen Partner einer bedeutenden Steuerberatungskanzlei, der sich darüber wunderte, dass ich Steuern zahlte, während er in steueroptimierte Anlagen investierte, um so seine Steuerlast auf null zu senken. Einige Jahre später entfielen die Steuervorteile und sein Ergebnis war schlechter, als wenn er Steuern gezahlt hätte.

Als ich Finanzminister war, hielt ich mich in New York auf, um eine Rede zu halten und einigen der bekanntesten Journalisten von Nachrichtensendern Interviews zu geben. Als wir gerade nicht auf Sendung waren, fragte mich einer der Interviewer, ob ich, wie er selbst, in die Dotcom-Blase investiert hätte. Ich verneinte mit der Begründung, ich wäre davon überzeugt, es gäbe einen Unterschied zwischen Geldanlage und Spekulation. In der Zeit der Dotcom-Blase gab es viele Unternehmen mit einer milliardenschweren Marktkapitalisierung, obwohl sie überhaupt keine Gewinne erzielten und einige von ihnen nicht einmal über Einnahmen verfügten. Die meisten dieser Unternehmen verschwanden vom Markt wie auch das Geld der Anleger, die darin investiert hatten. Eine wichtige Lehre aus diesem Buch lautet: Wenn es zu schön klingt, um wahr zu sein, dann ist es vermutlich nicht wahr!

Paul O’Neill, ehemaliger US-Finanzminister,
Chairman und CEO von Alcoa

Einleitung

1973 hörte ich das erste Mal von der Börse. Ich war ein kleines Mädchen und lebte in Südkalifornien. Mein Vater war Chirurg mit einer Privatpraxis, ging jeden Morgen aus dem Haus zur Einfahrt, um die *Los Angeles Times* zu holen, und wenn er in das Haus zurückkam, setzte er sich an den Frühstückstisch und pflegte zu sagen: „Schauen wir einmal, was Kodak macht." Er wandte sich der Seite mit den Aktienkursen zu, fuhr mit dem Finger auf der Liste mit den in winziger Schrift gedruckten Namen von oben nach unten entlang und hielt bei Kodak an. Ich hatte keine Vorstellung, was Kodak war. Als ich endlich alt genug war, um ihn fragen zu können, antwortete er mir: „Das Unternehmen, das Fotoapparate und Blitzlichtwürfel herstellt." Manchmal lächelte er, wenn er endlich fand, wonach er suchte. Ein anderes Mal runzelte er die Stirn und schüttelte den Kopf.

Er erklärte mir, was eine Aktie ist, dass er eine Handvoll davon besaß, dass der Kurs täglich steigt oder fällt und dass es wie ein Spiel oder eine Wette ist. „Du kannst Aktien nur mit dem Geld kaufen, das du mit gutem Gewissen auch verlieren kannst", erklärte er mir. „Musst du warten bis die Zeitung kommt, um herauszufinden, was jeden Tag passiert ist?", fragte ich ihn. „Ja, genau das tun wir", sagte er und fügte dann mit einem bitteren Lächeln hinzu, „aber die großen Jungs in New York wissen es bereits seit gestern."

Seit 1973 hat sich viel verändert. Heute hat jeder mit dem Fernseher oder Computer sekundengenauen Zugang zu den aktuellen Kursen. Inzwischen sind die Bedingungen durch die Veröffentlichung von Informationen und die Offenlegung von Aktienbeteiligungen für alle Teilnehmer und Interessenten mehr oder weniger gleich geworden und auch private Anleger haben jetzt die Möglichkeit, in diesem globalen Las Vegas, das wir „Börse" nennen, mitzuspielen. Doch wirklicher Erfolg im Bereich der Kapitalanlagen ist auch heute nur wenigen Eingeweihten vergönnt, und genau das ist der Grund, warum ich diesen Ratgeber veröffentliche. Ich wünschte mir, dass Leute wie mein Vater Zugang zum Wissen, der Anlagephilosophie und dem Anlagestil dieser äußerst erfolgreichen kleinen Gruppe von Eingeweihten erhalten.

Im Rahmen meiner Tätigkeit als CNBC-Moderatorin bemerkte ich, dass ich Zugang zu einigen der reichsten, geschicktesten und erfolgreichsten Geschäftsleute der Welt hatte. Ich wurde neugierig darauf, den besten Rat zur Geldanlage herauszufinden, den meine prominenten Mitautoren jemals erhalten hatten und durch den ihr persönlicher Anlagestil geprägt wurde. Jeder Autor dieses Ratgebers stellt andere Überlegungen und Gedanken vor, die sich bei ihm als erfolgreich erwiesen. Niemand bietet ein sicheres Geheimrezept, wie man im Handumdrehen Millionengewinne erzielt, doch alle Ratschläge zusammengenommen ergeben eine erstaunliche Mischung von Anlagetipps von bedeutenden Persönlichkeiten im Bereich der Kapitalanlage. Lange Zeit war die Börse ein geheimer Ort, zu dem nur wenige Privilegierte Zugang fanden. Mit diesem

Buch möchte ich dazu beitragen, diesen geheimen Ort in ein Spielfeld zu verwandeln, das allen offensteht und auf dem jeder mitspielen kann.

Liz Claman

Warren Buffett

Der beste Rat zur Geldanlage, den ich von Warren Buffett, dem größten Kapitalanleger unserer Zeit, erhalten habe

Eines Tages, als ich die Finanznachrichten moderierte, schaute ich in die Kamera und berichtete: „Der Milliardär und Investor Warren Buffett hat soeben eine Beteiligung an einem isralischen Unternehmen gekauft. Ist jetzt der Moment für Sie gekommen, um israelische Unternehmen als eine gute Anlagemöglichkeit zu betrachten?"

Hätte Warren Buffett die Sendung gesehen, wäre er vermutlich in lautes Gelächter ausgebrochen, zumindest hätte er darüber geschmunzelt. Und ich weiß auch, warum. In acht Jahren als Reporterin und Moderatorin von Finanznachrichten habe ich gelernt, dass Warren Buffett Unternehmen kauft. Er investiert nicht in Sektoren, Ideen oder was sonst gerade en vogue sein mag. Wenn er plant, ein Unternehmen zu kaufen oder sich daran zu beteiligen, so zieht er sich damit zurück, wie ein kleiner Junge, der sich mit einem alten Transistorradio in den Keller zurückzieht, um herauszufinden, wie all die Drähte und winzigen Teile funktionieren. Er kaufte dieses israelische Unternehmen nicht, weil er an Israel glaubte, sondern weil genau dieses Unternehmen in sein Anlagekonzept passte. Um was für ein Konzept handelt es sich dabei?

Im Laufe der Zeit beobachtete ich Warren Buffetts Anlagestil genau und hatte auch die Gelegenheit, mich mit ihm darüber zu unterhalten, wie er seine Anlageentscheidungen trifft. Einmal erzählte er mir, dass er im Alter von 19 Jahren ein Buch gelesen hatte, das seine ganze Einstellung zur Kapitalanlage veränderte. Er war 1949 an der Universität von Nebraska und während des Abschlussjahres am College kaufte er sich eine Ausgabe von Benjamin Grahams „Intelligent investieren".

Aus diesem Buch lernte er, was später zu seinen drei goldenen Investmentregeln werden sollte, die jahrzehntelang Grundlage seiner Entscheidungen waren. „Einfache Überlegungen", wie er sagte. Seine wichtigste Regel ist, dass er die Aktie als Teil eines Unternehmens betrachtet, im Gegensatz zu dem, was in den Medien berichtet wird oder was Ihr Anlagevermittler oder Nachbar darüber erzählt.

Warren Buffett schaut sich das Unternehmen genau an und ermittelt dann den Substanzwert. Doch wie macht man das? Zunächst einmal sollten Sie sich die Unternehmensberichte und Unterlagen anschauen, die ein börsennotiertes Unternehmen gemäß den Bestimmungen der US-amerikanischen Börsenaufsicht [Securities and Exchange Commission; Anm. d. Übers.] den Anlegern zur Verfügung stellen muss. Nachdem Sie alles gelesen und genau studiert haben, sollten Sie sich fragen, ob der Geschäftsbetrieb dieses Unternehmens glaubwürdig und nachvollziehbar ist. Wie sieht der Cashflow aus? Wie sind die langfristigen Aussichten des Unternehmens? Sind die Ergebnisse der Gewinn-und-Verlust-Rechnung konstant? Gibt es einen soliden und kontinuierlichen Geschäftsaufbau? Wie hoch ist die Umsatzrendite? Das sind die Faktoren, die Warren Buffett analysiert, um zu entscheiden, ob er in ein Unternehmen investiert.

Obwohl es weder besonders schwierig noch anspruchsvoll ist, scheinen sich tatsächlich nur wenige Anleger die Zeit zu nehmen, diesen einfachen Schritten zu folgen. Aber Warren Buffett tut es.

Warren Buffetts zweite Regel betrifft die Einstellung des Anlegers zu starken Kursschwankungen. Er sagte einmal, diese Schwankungen wären eher eine nützliche Begleiterscheinung als eine Grundlage für Anlageentscheidungen. Warren Buffett ist der Überzeugung, dass die Anleger die tagtäglichen Schlingerkurse am Aktienmarkt überhaupt nicht beachten sollten. Unternehmen von guter Qualität widerstehen diesen Schwankungen. Sie mögen vielleicht einige Monate darunter leiden, doch langfristig sind sie gesund und stabil. Der beste Beweis für Warren Buffetts Fähigkeit, Börsenhysterie zu ignorieren, war sein Verhalten wärend der Dotcom-Euphorie in den späten 90er-Jahren. Er hätte es niemals zuglassen, dass die zu der damaligen Zeit herrschende Hysterie am Aktienmarkt ihn dazu gebracht hätte, sein bewährtes Konzept aufzugeben. Im Lauf der Zeit erwies sich sein Konzept als eine zuverlässige Strategie, die sich für sein Unternehmen und seine Anleger gebührend auszahlen sollte.

Seine dritte Regel betrifft das Sicherheitspolster [Margin of Safety; Anm. d. Übers.]. Warren Buffett sagte einmal, dass es Ihnen nicht möglich wäre, den tatsächlichen Wert einer Aktie zu berechnen, doch Sie können ihn schätzen. Er wies oft darauf hin, dass Anleger möglichst Aktien mit einer großen Diskrepanz suchen sollten, und wenn sie die Möglichkeit haben,

Aktien zu zwei Drittel ihres tatsächlichen Wertes kaufen zu können, dann sollten sie zugreifen. Wie erreicht ein Anleger das? Wenn Sie mithilfe von Unternehmensberichten Ihre Anlageentscheidung treffen, addieren Sie die Zahlen und finden Sie heraus, ob der Preis für die Anlage (beziehungsweise der Kurs der Aktie) niedriger als der eigentliche Wert ist. Mit anderen Worten: Hat die Aktie eines Unternehmens einen Wert zwischen 80 und 120 Dollar und bietet sich die Möglichkeit, diese Aktie für 60 Dollar zu kaufen, dann greifen Sie zu!

Jahr für Jahr backt Warren Buffett seinen Anlagekuchen mit den gleichen Zutaten des Vorjahrs erneut auf, stets mit einem Spritzer Humor. Ein perfektes Beispiel dafür ist sein Brief an die Aktionäre von Berkshire Hathaway aus dem Jahr 1995 (Warren Buffett ist der Chairman und CEO von Berkshire Hathaway, Inc.):

„Charlie Munger, mein Geschäftspartner und stellvertretender Chairman von Berkshire, und ich beabsichtigen, Unternehmen zusammenzustellen, die sich entweder ganz oder teilweise in unserem Eigentum befinden und die sich durch hervorragende wirtschaftliche Merkmale auszeichnen und von außerordentlichen Managern geführt werden. Unsere bevorzugte Akquisitionsweise sind Geschäftsverhandlungen, in denen wir 100 Prozent des Unternehmens zu einem fairen Preis erwerben können. Doch sind wir ebenso zufrieden, wenn uns der Aktienmarkt die Chance bietet, Anteile dieses hervorragenden Unternehmens zu einem Preis zu kaufen, der unter dem Betrag liegt, den wir zahlen müssten, wenn wir das Unternehmen zu 100 Prozent kaufen würden. Mit dieser Doppelstrategie – Erwerb eines ganzen Unternehmens entweder durch Verhandlungen oder durch den Kauf von Anteilen am Aktienmarkt –, haben wir einen bedeutenden Vorteil gegenüber Investoren, die an einen einzigen Kurs gebunden sind. Woody Allen erklärte einmal, wie es funktioniert, auf zwei Hochzeiten gleichzeitig zu tanzen: ‚Der wirkliche Vorteil der Bisexualität ist, dass sie deine Chancen für eine Verabredung am Samstagabend verdoppelt.'

Über die Jahre haben wir uns diese Denkweise Woody Allens zu eigen gemacht, indem wir versuchten, den Aktienanteil an besonders erfolgreichen Unternehmen zu erhöhen und gleichzeitig vergleichbare Unternehmen komplett zu erwerben."

Doch Warren Buffett ist viel mehr als die Unternehmen, die er kauft und verkauft. Viele betrachten ihn als einen der sogenannten guten amerikanischen Geschäftsmänner. Er ist der Erste, der die Verantwortung übernimmt, wenn die Zahlen seines eigenen Unternehmens hinter den Anforderungen der Aktionäre zurückbleiben. In einem Brief an die Aktionäre aus dem Jahr 1999 schrieb er: „Die Zahlen auf der Titelseite zeigen, wie unzureichend unser Ergebnis 1999 war. Es war das schlechteste absolute Ergebnis sowohl meiner Amtszeit als auch im Vergleich mit dem S&P und auch das schlechteste relative Ergebnis. ... Selbst Inspektor Clouseau könnte den Verantwortlichen für das Ergebnis des vergangenen Geschäftsjahrs ausfindig machen: Ihren Chairman."

Er ist stets bereit, über seine Fehler und die Lehren, die er daraus gezogen hat, zu sprechen. In einem Brief an die Aktionäre aus dem Jahr 1989 schreibt er:

„Wenn Sie eine Aktie zu einem ausreichend niedrigen Kurs kaufen, kommt es im Anlageverlauf normalerweise durch Marktschwankungen zu einem kurzfristigen Kursanstieg, der es Ihnen dann ermöglicht, sich mit einem annehmbaren Gewinn von dieser Anlage wieder zu trennen, auch wenn das langfristige Ergebnis schlecht wäre. Ich nenne das die ‚Zigarrenstummelmethode' in der Kapitalanlage. Ein auf der Straße gefundener Zigarrenstummel, der nur noch für einen einzigen Zug ausreicht, genügt nicht zum Rauchen, doch bei einer Gelegenheit am Aktienmarkt bedeutet ein einziger Zug den gesamten Profit.

Wenn Sie nicht gerade Insolvenzverwalter sind, ist eine derartige Geschäftsmethode ungeeignet. Erstens wird sich der ursprüngliche Schnäppchenpreis wahrscheinlich in der weiteren Entwicklung doch nicht als solcher herausstellen. Sobald in einem Unternehmen, das sich in Schwierigkeiten befindet, ein Problem gelöst ist, entsteht meistens gleich ein neues, so wie es niemals nur eine einzige Schabe in der Küche gibt.

Zweitens schwindet der anfängliche Vorteil durch die geringen Erträge des Unternehmens schnell dahin. Wenn Sie zum Beispiel ein Unternehmen zu einem Preis von acht Millionen Dollar kaufen, das zu einem Preis von zehn Millionen verkauft beziehungsweise liquidiert werden kann und das dann plötzlich eine andere Kursentwicklung nimmt, können Sie eine hohe Rendite erzielen. Doch ist diese Anlage enttäuschend, wenn das Unternehmen erst in zehn Jahren zu einem Preis von zehn Millionen Dollar verkauft wird und in der Zwischenzeit nur einige Prozent der Kosten einbringt und ausschüttet. Die Zeit ist der Freund einer guten Kapitalanlage und der Feind einer mittelmäßigen."

Die einzige Gewissheit, die ich im Laufe der Jahre in Bezug auf Warren Buffett erlangt habe, ist, dass er alles andere als mittelmäßig ist. Seine Ehrlichkeit, sein hartnäckiger Widerstand gegen Wirtschaftskriminalität und sein Einsatz für die Aktionäre sind offenkundig. Warren Buffetts drei goldenen Regeln sind für jeden Anleger leicht zu verstehen und umzusetzen und haben ihn wohl zum beachtetsten und am häufigsten kopierten Kapitalanleger aller Zeiten gemacht.

Liz Claman

James Awad

Chairman, President und Chief Investment Officer, Awad Asset Management

Mein Interesse an der Börse wurde bereits als Jugendlicher geweckt. Die letzten drei Schuljahre und im ersten Jahr meines Studiums an der Business School arbeitete ich in den Sommerferien in verschiedenen Research-Abteilungen an der Wall Street. Im Juni 1969 legte ich mein Examen an der Harvard Business School ab. Bereits im Frühjahr hatte ich damit begonnen, mich nach einer Stelle umzuschauen, und erhielt schließlich Angebote von zwei Kapitalanlagegesellschaften. Bei der einen Gesellschaft handelte es sich um einen viel gepriesenen, 1968 zum besten Fonds der USA erkorenen Investmentfonds mit Sitz in Fort Lauderdale, der durch den Kauf von Small Caps und das Umherdüsen im Firmenjet schnelles Wachstum verzeichnete. Die andere Gesellschaft war eine solide Fondsgesellschaft in New York mit einer konservativen Anlagepolitik. Mein Vater, der auf eine langjährige Erfahrung mit Geldanlagen in Aktien zurückblickte, gab mir damals folgenden Rat: „Vertrau niemandem, der sich so glamourös und aufsehenerregend gibt, als hätte er das Geheimrezept zum Geldverdienen gefunden!" Widerwillig entschied ich mich für die schlechter bezahlte Stelle in dem weitaus weniger schillernden New Yorker Unternehmen. Einige Jahre später war die Gesellschaft aus Florida vom Markt verschwunden wie viele der Unternehmen, deren Aktien sie gekauft hatte. Doch ich hatte mich inzwischen in dem New Yorker Unternehmen beruflich erfolgreich weiterentwickelt. Und diesen guten Rat hatte ich meinem Vater zu verdanken!

Ich begann als Assistent des Fondsmanagers eines Nebenwertefonds, meine Aufgabe war das Research. Ich war jung und zeigte unermüdlichen Eifer. Unablässig war ich für meinen Chef auf der Suche nach guten Anlagemöglichkeiten. Damals bestand große Nachfrage nach Anlagen im Bereich der Erschließung von Bauland in Florida, einem vielerorts recht dünn bebautem Bundesstaat. Eines Tages hörte ich von einer Gesellschaft, die Aktien zu zehn Dollar verkaufte. Das war günstig und so reiste ich dorthin, um den Manager kennenzulernen. Ich traf einen aalglatten, Zigarre rauchenden Mann mit Hosenträgern, der mir zum Ende der Woche die Ankündigung eines Jahresgewinns in Höhe von vier Dollar je Aktie in Aussicht stellte. Aufgeregt kehrte ich mit der Nachricht ins Büro zurück, eine Aktie gefunden zu haben, die mit einem Kurs-Gewinn-Verhältnis von 2,5 zum Verkauf stand. Am nächsten Tag erhielt ich von diesem Manager einen Anruf, in dem er mich darüber informierte, dass ein großes Aktienpaket zum Verkauf stünde. Ich lief in das Büro meines Chefs, um ihm sogleich von diesem Aktienpaket und der ausstehenden Gewinnausschüttung zu berichten. Seine Antwort war: „Ist etwas zu schön, um wahr zu sein, dann stimmt es nicht." Er holte mich auf den Boden der Tatsachen zurück. Bereits wenige Tage später gab diese Gesellschaft einen Verlust und keine Dividende in Höhe von vier Dollar bekannt und der Kurs der Aktie ging steil nach unten. Danke für diesen Rat, Chef!

Die späten 60er- und frühen 70er-Jahre waren aufregende Zeiten an der Börse. Die Provisionen waren hoch und die Wertpapierhändler verfügten über finanzielle Mittel, um Fondsmanager in großzügiger Weise mit Parties, Glücksspielen und Kurzreisen zu unterhalten. 1972 schätzte ich mich glücklich, Portfoliomanager zu sein. Ich war jung, ehrgeizig, eifrig und fleißig. Der Leiter der Gesellschaft riet mir, auf meinen guten Ruf zu achten: „Die Nase raushalten und eine weiße Weste behalten!" Ich konnte wohl kaum ahnen, wie sehr ich diesen Rat noch benötigen würde. Als Single erhielt ich häufig eindeutige Angebote von Maklerinnen – eine erschien sogar einmal sonntags bei mir zu Hause. Doch die größte Versuchung begegnete mir in einer Mittagspause. Ich war gerade dabei, ein Unternehmen zu analysieren, als der Finanzchef dieser Gesellschaft mich zum Mittagessen einlud. Zu dieser Zeit verdiente ich monatlich etwa 27.000 Dollar. Während des Essens teilte er mir mit, dass er aus dem eigenen Bestand Aktien im Wert von mehreren Millionen Dollar verkaufen wollte, doch wenn er sie auf dem freien Markt anbieten würde, käme es zu einem Kurseinbruch. Er bot mir 50.000 Dollar in bar, wenn ich das Aktienpaket für den von mir gemanagten Investmentfond kaufen würde. Mir stockte der Atem und ich kam ins Schwitzen.

Ich antwortete nicht, stand auf und ging. Einige Jahre später las ich im *Wall Street Journal*, dass er ins Gefängnis kam. Gott sei Dank hatte ich meine Nase herausgehalten und mir meine weiße Weste bewahrt!

Zu Neuberger kam ich im Mai 1972 und Anfang 1973 befand sich die Börse in einer Baisse, die zu den schlimmsten der Geschichte gehörte. Es war eine schwere Zeit für die USA. Der

Vietnamkrieg, die Inflation, hohe Zinsen, die Ölkrise und Preiskontrolle – es war einfach fürchterlich. Die Leute in meinem Alter hatten noch nie einen Bärenmarkt erlebt. An den meisten Tagen kam es zu Kursverlusten und die Anleger beschwerten sich. Es war deprimierend und dieser Zustand hielt zwei lange Jahre an. In diesem Zeitraum konnte man leicht den Glauben an sich selbst und das Vertrauen in die USA verlieren. Eines Tages, als ich im Handelsraum saß, bemerkte Roy Neuberger, wie betrübt ich war. Er wandte sich zu mir und sagte: „Junger Mann, seien Sie stets dann hungrig, wenn die anderen Kaufängste haben, und seien Sie ängstlich, wenn andere kaufhungrig sind!" Er riet mir, mich von meinen Befürchtungen zu befreien und Aktien zu kaufen, weil Aktien in dieser Zeit günstig waren. Der Markt befand sich weit unten bei einem Kurs-Gewinn-Verhältnis von 5 und jeder, der zu diesen Bedingungen kaufte, sollte gute Gewinne erzielen. Viele Jahre später während der IT-Blase in den Jahren 1999 und 2000 erinnerte ich mich wieder an seine Worte. Alle waren hungrig, doch ich folgte meinen Kaufängsten und mied diese Aktien, wodurch die Anleger von Awad Asset Management eine Menge Geld sparten.

Ein weiterer wichtiger Ratschlag war es, die Geschäftsverbindung zu den Anlegern in den Händen zu behalten. Im Jahr 1980 entschied ich mich, eine eigene Kapitalanlagegesellschaft zu gründen, denn ich war es leid, für andere zu arbeiten. Es gab gerade ein institutionelles Research-Unternehmen, das über keine eigene Kapitalanlagegesellschaft verfügte. So entstand die Idee, eine Investmentfondsgesellschaft als Tochterunternehmen zu gründen, deren Leitung ich übernehmen würde. Ich berichtete einem Freund von den Plänen, der mir riet, in dieser Konstellation, in der ich die ganze Arbeit erledigte, sicherzustellen, dass die Geschäftsbeziehung zwischen den Anlagekunden und mir in allen Fällen bestehen bleiben sollte, was auch immer mit dem Mutterunternehmen passieren würde. Im Lauf der Jahre gründete ich eine beachtliche Reihe von Investmentfonds im Nebenwertebereich. Es gab gute und schlechte Zeiten, doch insgesamt waren wir erfolgreich.

In dieser Zeit war das Mutterunternehmen immer weniger erfolgreich und ich verlor das Vertrauen in die Fähigkeiten und das Ethos des oberen Managements. Eine seit 50 Jahren eingefahrene Arbeitsweise konnte ich in dieser Situation nicht verändern und so entschied ich mich für mein eigenes Unternehmen „Awad Asset Management", das ich 1992 gründete. Da die meisten Kunden mit mir gingen, wurde Awad Asset Management zu einem Erfolg. Diesen Schritt gewagt und wirklich mein eigenes Unternehmen gegründet zu haben, war die beste Entscheidung, die ich in den beinahe 40 Jahren in meiner Branche getroffen habe.

Stanley M. Bergman

Chairman und CEO, Henry Schein, Inc.

Als Chairman und CEO eines erfolgreichen Unternehmens, das laut *Fortune Magazine* zu den 500 größten US-amerikanischen Unternehmen gehört, ist es nur allzu verständlich, dass viele glauben, ich persönlich müsste auch Ratschläge zur Geldanlage erteilen können. Während meiner beruflichen Tätigkeit habe ich gelernt, den Sachverstand von Expertenteams zu schätzen, und habe erkannt, wie damit sämtliche Facetten eines Geschäfts, vom Marketing über Finanzen bis zur Logistik, abgedeckt werden können und wie die erhaltenen Ratschläge, die ich normalerweise auch annehme, auf ihre Tauglichkeit hin zu prüfen sind. Der beste Beweis für die Wirksamkeit dieser Vorgehensweise ist der Erfolg von Henry Schein, Inc.

Die gleiche Vorgehensweise nutze ich bei Entscheidungen im Bereich der Geldanlage: Ich engagiere professionelle Ratgeber mit nachweislichen Erfolgen, um herauszufinden, wie ich meine Anlageziele erreichen kann, und befolge diese Ratschläge.

Blicke ich auf die Ratschläge zurück, die ich im Laufe der Jahre erhalten habe, fallen mir drei Merkmale auf, die erfolgreichen Unternehmen offensichtlich gemeinsam sind:

1. Investieren Sie nur in Unternehmen, die sich in Branchen mit einem gesunden Markt befinden! Ein Unternehmen ist nur so gesund wie die Branche, in der es tätig ist, und auch in der Zukunft sollten viele Wachstumschancen bestehen. Beschäftigen Sie sich mit den Trends der Bevölkerungsentwicklung, die das Wachstum fördern können, wie eine alternde Bevölkerung oder eine Zunahme des frei verfügbaren Einkommens. Und vergewissern Sie sich, ob das Unternehmen über eine ausgeglichene Angebotspalette verfügt, falls die guten Zeiten in dem einen oder anderen Marktsegment einmal vorüber sein sollten.

2. Investieren Sie nur in Unternehmen, die eine gute Unternehmenskultur haben, die sich für gute Werte einsetzen und die auch gute Leute beschäftigen! Von allen Investitionen eines Unternehmens sind die Mitarbeiter die wichtigste, denn es geht um die Werte, die diese Mitarbeiter im Unternehmen leben, und es geht um die Unternehmenskultur, die von allen Mitarbeitern gemeinschaftlich gebildet wird. Hören Sie genau hin, was ein Unternehmen über seine Mitarbeiter sagt und auch darauf, was die Mitarbeiter über das Unternehmen sagen! Lesen Sie die Richtlinien, nach denen die Geschäfte geführt werden sollen, um dann zu überprüfen, ob den schönen Reden auch Taten folgen! Suchen Sie Unternehmen mit Mitarbeitern, die sich als Team mit einer gemeinsamen Aufgabe verstehen und nicht als eine Ansammlung von Einzelpersonen mit unterschiedlichen Zielsetzungen.

3. Investieren Sie in Unternehmen, die sich fortwährend neu definieren können! In der heutigen Zeit ändern sich die Branchen und Märkte schneller als jemals zuvor. Wir leben

in einer Ära der unmittelbaren weltweiten Kommunikation und eines globalen Marktes, der niemals schließt. In Rekordzeit entstehen neue Chancen und einige der seit Langem etablierten und gewinnbringenden Bereiche werden plötzlich obsolet. Ein Unternehmen, das zu den Marktführern von morgen gehören will, muss stets ein kritisches Auge auf sein Innerstes richten und sich immer wieder neu bestimmen, um die sich ständig weiterentwickelnden und neu entstehenden Märkte besser bedienen zu können.

Richard Bernstein

Chefstratege USA, Merrill Lynch & Co

Mein Vater, der kein Anlageprofi, sondern ein bedeutender Forscher im Bereich der organischen Chemie war und dessen Ansichten zum Sparen in der großen Wirtschaftskrise der 30er-Jahre geprägt wurden, gab mir den besten Rat zur Geldanlage, den ich je erhalten habe. Sein Ratschlag war bemerkenswert einfach: „Spare in der Zeit, dann hast du in der Not! Spare viel und so oft es geht!"

Das mag zwar lächerlich einfach klingen, doch wie viele Amerikaner sparen noch in der heutigen Zeit? Meine Kollegen von Merril Lynch und ich haben immer wieder darauf hingewiesen, dass wir der Überzeugung sind, dass die Amerikaner nicht genug sparen. Das Land steht höchstwahrscheinlich am Rande einer Sparkrise.

Eine der besonderen Eigenheiten von uns Amerikanern ist, dass wir im Allgemeinen nicht begreifen, dass Sparen und Konsum sich gegenseitig ausschließen. Beides geht einfach nicht zusammen. Ein durchschnittlicher Amerikaner wird auf die Frage, ob er für das Alter Geld anspare, zweifellos mit „Ja" antworten. Doch wenn der Kreditkartenkontosaldo höher ist als die jährlichen Ersparnisse, entsteht in Wirklichkeit ein Minus in der Altersvorsorge. Während der Negativsaldo auf dem Kreditkartenkonto der Amerikaner bei einem Anteil von neun Prozent jährlich liegt, beträgt der Anteil der Geldanlagen acht Prozent jährlich. Mit anderen Worten: Die Amerikaner „sparen“ mit einer Jahresrate von minus einem Prozent.

Schulden sind ein außerordentlich heimtückisches Hindernis bei der Vermögensbildung. Sie können einen Wohlstand vorspiegeln, der in Wirklichkeit nicht vorhanden ist, denn Schulden ermöglichen bereits heute den Konsum von morgen. Mein Vater war klug genug zu wissen, dass man in der Zukunft weniger hat, wenn man es hier und jetzt bereits ausgibt.

Das Verlangen, auf Kosten der Ersparnisse zu konsumieren, lässt sich in den verschiedenen Phasen des Anlageprozesses nachvollziehen. So arbeitet beispielsweise heute jeder Anlageberater mit einem Musterportfolio zur Aufteilung und Strukturierung des Vermögens. In dieses Musterformular, beziehungsweise in die entsprechende Maske am Rechner, gibt der Anleger die zu erwartenden Ausgaben ein, unter anderem für die Ausbildung der Kinder oder für ein ausreichendes Einkommen im Alter, und gibt an, welchen Betrag er regelmäßig innerhalb bestimmter Zeiträume anlegen will oder kann. Da diese vorgegebenen Anlageszenarien auf Renditen und Erträgen beruhen, die in der Vergangenheit erzielt wurden, und da die Anleger den Konsum nicht zu Gunsten des Sparens einschränken wollen, wird beinahe automatisch in allen Fällen die Anlageart mit dem höchsten Risiko, nämlich die Aktie, als bevorzugte Möglichkeit angegeben, da Aktien in den letzten 50 Jahren die besten Renditen erzielten. Und das, obwohl unzählige Male darauf hingewiesen wurde, dass es nicht möglich ist, höhere Renditen zu erzielen, ohne auch ein entsprechend höheres Risiko einzugehen.

Natürlich, tief in unserem Innern wissen wir alle, dass es am besten ist, möglichst doppelt so viel zu sparen und weniger Risiko einzugehen. Doch wenn ich doppelt so viel sparen will wie augenblicklich, bedeutet das, dass ich mir vielleicht doch nicht den neuesten Geländewagen mit allem Pipapo kaufen kann.

Besonders der zurzeit gut laufende Eigenheimmarkt wird vom Unverständnis des Zusammenhangs von Sparen und Konsumieren angetrieben. Früher war ich es gewohnt, dass Vermögen durch das in die Immobilie investierte Geld gebildet werden sollte. Heute spekulieren die Eigentümer darauf, dass der Wert der Immobilie steigen wird, um diese dann zu beleihen, um mehr konsumieren zu können. Dies dürfte wohl kaum Sparen für die Zukunft bedeuten.

Zu was auch immer ein Anlageberater Ihnen rät: Sie sollten nicht vergessen, dass es nicht möglich ist, gleichzeitig zu sparen und zu konsumieren! Das ist ein wirklilch unangenehmes Gesetz der Wirtschaft. Mein Vater schien diesen Zusammenhang gut verstanden zu haben. Hätten mehr Leute meinen Vater um Rat gebeten, hätten die USA heute vielleicht nicht so ein übergroßes Außenhandelsdefizit, keine Immobilienblase und würden sich nicht am Rande einer Sparkrise befinden.

Scott Black

Gründer und President, Delphi Management, Inc.

Im Sommer 1966 lebte ich in Maine. Da ich nicht viel über Geldanlage wusste, schickte mich meine Mutter zu H. C. Wainwright, einer Researchboutique, die sich in einer Einkaufspassage befand. Sie kannte dort einen Makler, der Robert Lipkin hieß. Obwohl ich damals nicht viel Geld besaß, erhielt ich von Robert Lipkin meinen ersten Rat zur Geldanlage. Er hielt es für eine kluge Idee, mein Geld in einem Investmentfonds anzulegen. In diesem Sommer kam es unter der Regierung von Lyndon B. Johnson zu einem Markteinbruch, doch ich war zufrieden, hatte ich doch in den Fidelity Trend Funds investiert, der ein gutes Ergebnis erzielte. Als ich im Frühjahr 1969 auf die Harvard Business School ging, verkaufte ich meine Fondsanteile, was sich als ein glücklicher Zufall herausstellen sollte, denn im folgenden Frühjahr sollte der Markt völlig zusammenbrechen.

Einer meiner Mitstudenten in Harvard war Robert Goldfarb, dem ich ebenfalls einen wichtigen Rat zur Geldanlage verdanke. Nach Harvard fanden wir beide Stellen in New York. Ich sollte für Xerox und Bob für Bill Ruane, Warren

Buffetts besten Freund, arbeiten. Dadurch lernte ich eine wertorientierte Anlagestrategie kennen, nämlich das Value Investing im Stil Warren Buffetts. Von Bob lernte ich, dass der Schlüssel zum Value Investing Unternehmen mit hoher Eigenkapitalrendite und einem niedrigen Kurs-Gewinn-Verhältnis sind.

Noch bevor Warren Buffett weltberühmt wurde, hatte ich bereits sämtliche seiner Bücher gelesen und war zu einem bekennenden Warren-Buffett-Anhänger geworden. Der Schlüssel zu Warren Buffetts Anlagephilosophie ist die Kapitalrendite. Suchen Sie „gute Kapitalanlagen". Als gute Anlagen gelten solche, die hohe Kapitalrendite durch einen hohen, frei verfügbaren Cashflow erzielen. Diese Methode wurde von mir im Laufe der Zeit weiter verfeinert, doch dieses Grundprinzip ist bis heute der Kern der Anlagestrategie, die wir bei Delphi Management, Inc. verfolgen.

Anleger begehen häufig den großen Fehler zu versuchen, den richtigen Anlagezeitpunkt abzuwarten. Wenn Sie sich die Renditeverläufe des 20. Jahrhunderts einmal näher anschauen, werden Sie zweifellos zu folgendem Schluss kommen: Lassen Sie es sein! Der Versuch, den richtigen Anlagezeitpunkt abzuwarten, ist ein Fehler. Sie sollten den größten Teil Ihres Geldes in Aktien anlegen, insbesondere wenn Sie jung sind, denn dann können Sie am US-amerikanischen Wirtschaftswachstum teilhaben. Wenn Sie an ein ständiges Wirtschaftswachstum glauben – eine Annahme mit hoher Wahrscheinlichkeit –, dann legen Sie Ihr Geld in Aktien an! Wenn Sie Geld zum Sparen übrig haben und den richtigen Anlagezeitpunkt abwarten wollen, dann haben Sie kein Vertrauen in die langfristige wirtschaftliche Entwicklung. Nutzen Sie die Tatsache, dass der Zeitfaktor zu Ihren Gunsten wirkt. Wenn Sie es sich zum Ziel gesetzt haben, Vermögen zu bilden, sollten Sie unter allen Umständen in Aktien investiert sein.

Und Sie sollten in voller Höhe investiert bleiben. Sie benötigen Durchhaltevermögen und Sie dürfen auch nicht darauf achten, was gerade auf dem Aktienmarkt passiert. Geben Sie die Verwaltung Ihres Geldes ab und vertrauen Sie es jemandem an, der eine strikt wertorientierte Anlagestrategie verfolgt.

Es ist nicht unbedingt erforderlich, ausschließlich in den US-amerikanischen Markt zu investieren. Ich befürworte auch einige internationale Positionen. Haben Sie keine Angst vor südostasiatischen Gegenden wie Hongkong, Korea oder Singapur, doch rate ich von Südamerika und Europa ab, denn diese Länder leiden unter gewaltigen volkswirtschaftlichen Kosten und erzielen keine guten Renditen.

Treffen Sie Ihre Kaufentscheidung nicht im Hinblick auf die zu erwartende Gewinnspanne, denn der Versuch, Ihre spekulativen Erwartungen auf die Aktienmärkte zu übertragen, ist keine kluge Vorgehensweise. Schließlich sollten Sie auch nicht jeder fixen Idee hinterherlaufen und zu Zeiten, in denen Biotechnologiewerte gerade hoch im Kurs stehen, sollten Sie diese Papiere nicht kaufen. Das mag umso schwerer fallen, wenn Ihr Nachbar gerade von einer unmittelbaren fünffachen Gewinnspanne profitiert, doch Sie würden einen Fehler begehen, liefen Sie einer Modeerscheinung hinterher.

John C. Bogle

Gründer der Vanguard Group, Inc. und 2004 vom *Time Magazine* zu einer der 100 mächtigsten und einflussreichsten Persönlichkeiten gewählt

Im Jahr 1950, kurz vor Beginn meiner fast 23-jährigen Tätigkeit für die Wellington Management Company und meiner anschließenden 32-jährigen (eigentlich relevanten) Karriere in der Vanguard Group, hatte ich einen Ferienjob als Bote in einem kleinen Wertpapier-Brokerhaus, das andere Brokerhäuser in der Gegend von Philadelphia City mit Wertpapieren belieferte. Vielleicht, um mir zu verdeutlichen, wie nützlich die guten Ratschläge waren, die er gelernt hatte, oder vielleicht auch, um sich über den Respekt, den ich dem Wertpapiergeschäft entgegenbrachte, lustig zu machen, sagte mir einer der erfahreneren langjährigen Kundenbetreuer (so wurden dort die Wertpapierbroker genannt): „Um in diesem Geschäft erfolgreich zu sein, sollten Sie eines wissen: Niemand weiß irgendetwas!"

Nach meinem Hochschulabschluss in Princeton im Juni 1951 stieg ich bei einem Pionier des Investmentfondsgeschäfts in die Finanzbranche ein, der zu diesem Zeitpunkt den noch winzigen, jedoch mit 140 Millionen Dollar zur damaligen Zeit als groß geltenden Wellington Fund verwaltete. Als ich das tägliche Auf und Ab im Wertpapiermarkt sowie das offensichtlich vergebliche Bemühen des Anlageausschusses beobachtete, Erfolg versprechende Aktien auszuwählen, um das Investitionsvolumen des Fonds der zukünftigen Entwicklung des Aktienmarktes anzupassen, schien mir dieser frühe Rat den Nagel auf den Kopf zu treffen.

So hart wir alle bei der Wellington Management Company auch arbeiteten, erzielten wir im Aktienportfolio bestenfalls eine Rendite in Höhe dessen, was der Markt allgemein hergab, meistens blieben wir eher hinter dem Markt zurück. Und wenn wir den Aktienanteil in Erwartung eines Marktrückgangs verringerten, beziehungsweise in der Erwartung eines Anstiegs erhöhten, entsprach das darauf folgende Marktgeschehen so häufig unseren Erwartungen wie dem Gegenteil davon. Tatsächlich schien der Markt in geringfügiger Weise eher unseren Erwartungen zu folgen.

Im Laufe der Jahre wurde mein damaliger Eindruck bestätigt, dass eine Aktienauswahl im Rahmen einer Anlagestrategie, bei der einzelne zu erwartende Chancen genutzt werden sollten, wenn überhaupt, nur wenig Einfluss auf die Rendite des Wertpapierportfolios hatte und sich eine Veränderung des Aktien-Anleihen-Verhältnisses normalerweise nicht auf die Rendite des Gesamtportfolios auswirkte. Was ich davon hielt? „Niemand weiß irgendetwas" schien mir tatsächlich eine geeignete Devise für das zu sein, was ich in meiner beruflichen Praxis aus nächster Nähe beobachten konnte.

Später kam es mir so vor, dass es weniger ein Problem war, dass „niemand irgendetwas weiß", als vielmehr, dass jeder alles wusste. Auf einem gut informierten und für alle transparenten Stock-Picker-Markt, auf dem die Aktienpreise weitgehend unter Fachleuten wie Wertpapierhändlern und anderen professionellen Marktteilnehmern ausgehandelt werden, erfolgt die Festlegung der meisten Aktienkurse letztendlich unter Berücksichtigung der zu erwartenden Ereignisse. Setzt man für wesentliche und dauerhafte Erfolge darauf, dass ein einzelner Finanzmanager die gesamte Konkurrenz übertrifft, bedeutet das, eine Wette gegen einen starken Markt abzuschließen.

Als ich mir diesen klaren Beweis für die Effizienz des Marktes einmal näher ansah, kam mir ein weiterer, dieser Überlegung vielleicht ebenbürtiger Gedanke. Da die Gesamtheit aller Handelsaktivitäten letztendlich ein Nullsummenspiel für Finanzmanager zu sein schien, handelte es sich eigentlich um ein Verliererspiel. Denn das, was ein Manager auf der Gewinnerseite an Kenntnis und Erfahrung oder Glück gewinnen konnte, entsprach niemals dem, was ein Manager auf der Verliererseite durch Mangel an Urteilsvermögen und Klugheit oder Pech verlor. Wie auch immer es für den Käufer und den Verkäufer ausging, die Vermittler verdienten Geld daran. Von dem Geld, das die Vermittler einerseits für das Management des Wertpapierportfolios und andererseits für den Wertpapierhandel erhielten, konnten sie gut leben. Ich kam zu der folgenden Überlegung: Durch die erheblichen Kosten des Finanzvermittlungsapparates von jährlich etwa 2,5 Prozent des Anlagevermögens, die dadurch entstanden, dass versucht wurde, die Chancen, die der Markt bot, zu übertreffen, wurde sowohl für den einzelnen Anleger als auch für eine Anlegergemeinschaft aus einem Nullsummenspiel ein Verliererspiel gemacht.

Diese Beobachtungen machte ich auf einem Stock-Picker-Markt, der sich aus Fachleuten zusammensetzte und der durch eine hohe Transparenz gekennzeichnet war und ohne zu berücksichtigen, dass meine Überlegungen nicht galten, solange jeder willige Käufer auf einen willigen Verkäufer traf. Doch bei den kurzfristigen Bewegungen des Wertpapiermarktes selbst wandelte ich dann meine Ansichten etwas ab. Das unwillkürliche tägliche Auf und Ab der Kurse ließ mich an Shakespeare denken: „Ein Märchen ist es, das ein Thor erzählt, voll Wortschwall und bedeutet nichts."

Auch wenn niemand irgendetwas weiß oder, ganz im Gegenteil, jeder alles weiß, besteht trotzdem die Möglichkeit, bei der Geldanlage erfolgreich zu sein, wenn die drei folgenden Grundsätze durchschaut werden:

1. Wie kann das Aktienrisiko verringert werden?
2. Was treibt die Aktienkurse in die Höhe?
3. Wie können die Anlageerträge optimiert werden?

Diese Ratschläge haben geringe Bedeutung für kurzfristige Anleger, die sich bemühen, etwas zu wissen, was man nicht wissen oder voraussehen kann, so wie Stimmungsschwankungen der Anleger und unerwartete Ereignisse die kurzfristigen Schwankungen der Aktienkurse hervorrufen. Doch für langfristige Anleger ist die Kenntnis dieser Regeln der Schlüssel zu einer erfolgreichen Aktienanlage.

Auch wenn wir nichts darüber wissen, wie sich das eigene Aktienportfolio aus diesem oder jenem Grund in den nächsten Stunden oder Tagen oder im nächsten Jahrzehnt entwickeln wird, so wissen wir etwas weitaus Wertvolleres, nämlich dass es möglich ist, das große Risiko eines individuellen Portfolios auszuschließen, indem man sich de facto am gesamten Aktienmarkt, an der Entwicklung jeder einzelnen Aktie zum aktuellen

Kurswert beteiligt. Sobald wir uns darauf einlassen, passiert etwas Geheimnisvolles. Wir schließen sowohl das Risiko einzelner Marktbereiche als auch das Risiko des Anlagemanagers aus. Natürlich kann es in einem bestimmten Marktbereich und auch mit dem Manager gut laufen, es kann aber auch anders kommen. Da wir uns niemals sicher sein können, haben wir die Möglichkeit, diese Risiken durch eine Diversifizierung des Portfolios auszuschließen und unser Kapital nur noch einem einzigen Risiko, nämlich dem des Aktienmarktes, auszusetzen, das allerdings ein erhebliches Risiko bleibt.

Natürlich wissen wir noch immer nichts darüber, wie sich der gesamte Aktienmarkt kurzfristig entwickeln wird. Doch wissen wir, was die Marktrendite langfristig antreibt. Es ist eine Tatsache, dass die tägliche, monatliche und auch jährliche beziehungsweise längerfristige Rendite am Aktienmarkt weitgehend durch Spekulation angetrieben wird. Mit jedem weiteren Dollar Ertrag, den ein Unternehmen erzielt, steigt auch die Bereitschaft, einen höheren Kurs zu zahlen, denn das Kurs-Gewinn-Verhältnis ist volatil. Doch in sehr langfristigen Zeiträumen wird die Aktienrendite beinahe völlig von Fundamentalfaktoren wie Ertragszuwachs und Dividendenrendite angetrieben. Akademisch ausgedrückt bedeutet das: Der Kurs einer Aktie muss dem vorweggenommenen Wert des zukünftigen Cashflows entsprechen.

Wenn wir beispielsweise der heutigen Dividendenrendite von Aktien, die lediglich etwa zwei Prozent beträgt, die zukünftige Wachstumsrate der Unternehmenserträge, die historisch etwa fünf Prozent jährlich beträgt, hinzurechnen, erhalten wir eine Vorstellung davon, was wir vom Aktienmarkt erwarten können. Natürlich weiß niemand, ob es überhaupt der Fall sein wird und wenn, auf welchen Satz die Unternehmenserträge in den kommenden Jahren steigen werden. Doch mit der Geldanlage einen Gegenstandpunkt zur Gesamtheit des US-amerikanischen Unternehmertums einzunehmen, dürfte wohl kaum eine erfolgreiche Strategie sein.

Wenn wir die Wirksamkeit der Diversifizierung des Portfolios kennen und Vertrauen in die Fähigkeit der Unternehmen haben, langfristig einen Ertragszuwachs ungefähr in der Geschwindigkeit unseres Wirtschaftswachstums zu erzielen, können wir die Rendite am Aktienmarkt annähernd vorherbestimmen. Das Einzige, das uns Anleger von diesen Renditen noch trennt, ist die Kostenlast, die wir uns aufladen, um am Markt teilzunehmen, wie Beratungshonorare, Anlagekosten, Handelsmargen und die Ausgabeaufschläge, die unsere Aussicht auf einen angemessenen Renditeanteil gefährden. Wenn wir nichts über diese Kosten wissen, werden wir nicht erfolgreich sein.

Solange wir uns der Tatsache bewusst sind, dass die mit einer Aktie erzielte Bruttorendite abzüglich der Finanzkosten die zu diesem Zeitpunkt gültige Nettorendite ergibt, ist es offensichtlich, dass es sich lohnt, die Kosten möglichst niedrig zu halten. Wird am Aktienmarkt in Zukunft eine jährliche Rendite von sieben Prozent erreicht, müssen wir uns fragen, warum wir davon jährlich 2,5 Prozent wieder ausgeben sollten, um dann noch eine Nettorendite von 4,5 Prozent, also letztendlich nur 65 Prozent der Marktrendite zu erhalten. Das gilt besonders, seitdem Sie beinahe 100 Prozent der Marktrendite erhalten, wenn Sie sich an einem kostengünstigen, voll diversifizierten, einfachen Indexfonds des Gesamtaktienmarkts ohne Ausgabeaufschlag beteiligen.

Als ich zum ersten Mal vor 55 Jahren „niemand weiß irgendetwas“ hörte, war das ein ausgezeichneter Rat, der mich auf den richtigen Weg brachte und der viel über kurzfristige

Marktgegebenheiten aussagte. Doch im Lichte meiner Erfahrungen von mehr als einem halben Jahrhundert habe ich seither auch erkannt, dass wir sehr wohl etwas wissen. Und dass es sich dabei um wertvolles Wissen handelt, das aus einigen einfachen, leicht verständlichen Wahrheiten besteht, absoluten Wahrheiten sowohl über das, was wir wissen können, als auch über das, was sich hinter dem Vorhang verbirgt, der sich zwischen der Zukunft und uns befindet.

- Wir wissen, dass wir weder dem Versuch, den Markt zu übertreffen, noch einem erfolgreichen Timing der Aktienanlage als Leitmotiv nachgehen können, ohne einen unauflöslichen Widerspruch hervorzurufen. Ein Anleger kann nur das gewinnen, was ein anderer gerade verliert.
- Wir wissen, dass bestimmte Sicherheitsrisiken durch die Diversifizierung des Portfolios ausgeschaltet werden können, sodass nur noch das Marktrisiko übrig bleibt, das allerdings ein bedeutendes Risiko bleibt.
- Wir wissen, dass Dividendenrendite und Ertragszuwachs zwei Fundamentalfaktoren sind, die langfristig die Rendite im Aktienmarkt antreiben, und dieses Wissen ist bereits der Beginn von Weisheit.
- Die Wirkung der Kosten ist uns bewusst. Wir wissen, dass die Kosten bei den kurzfristigen Anlagen eher mäßige Auswirkungen haben und bei langfristigen Anlagen von enormer Bedeutung sind, und wir sind in der Lage, auf einfache Weise die Auswirkung einzuschätzen. Verringern Sie Ihre Anlagekosten!

Schließlich haben wir erkannt, was wir alles nicht wissen. Wir können uns niemals sicher sein, wie die Welt von morgen aussieht, und wir wissen noch weniger, wie sie in einem Jahrzehnt aussehen wird. Doch wissen wir auch, dass wir scheitern, wenn wir nicht sparen. Wenn wir alles, was wir wissen, mit dem verbinden, was wir nicht wissen, können wir das Dunkel um die Geldanlage erhellen und uns den langen steinigen Weg beim Vermögensaufbau erleichtern.

John W. Brown

Chairman, Stryker Corporation

Den besten Rat zur Geldanlage erhielt ich im Oktober 1976. Zu dieser Zeit dachte ich gerade über einen Wechsel von E. R. Squibb & Sons zur Stryker Corporation nach, einem privaten Unternehmen für medizinische Beratung mit Sitz in Kalamazoo in Michigan. Einer der Vorstände, Burt Upjohn, sagte mir, Vermögen würde nicht durch Gehalt gebildet, sondern durch die Beteiligung an Unternehmen. Und in meinem Fall sollte er damit recht behalten.

Ich nahm die Stelle bei Stryker an und vor Eintritt in das Unternehmen erwarb ich einen Anteil von etwa fünf Prozent der Gesellschaft. Diese kleine Investition von einigen Hunderttausend Dollar im Dezember 1976 wuchs auf eine Milliarde Dollar an. Meine gegenwärtige jährliche Gesamtrendite beträgt 34 Prozent. Weder davor noch danach habe ich jemals wieder einen besseren Rat zur Geldanlage erhalten.

Susan Byrne

Gründerin, President und CEO, Westwood Management Corporation

In den frühen 70er-Jahren arbeitete ich als junge Analystin mit einem Strategen zusammen, der Charlie O'Hay hieß. Seine Kaufentscheidungen traf er mithilfe von Kursdiagrammen und Konjunkturzyklen. Als Student der Börsengeschichte erklärte er mir diese Vorgehensweise. Ich lernte, die gegenwärtige Lage im Zusammenhang mit der Vergangenheit zu betrachten und zu analysieren. Mit anderen Worten, ich lernte, anstatt der Bäume den Wald zu sehen.

Mitte der 70er-Jahre gehörte die Betrachtung des Kurs-Gewinn-Verhältnisses aufgrund der in der Vergangenheit erzielten Werte, also des hohen oder niedrigen Werts zum Abschluss des 5-Jahres-Zeitraums, zum üblichen Handwerkszeug bei der Bewertung einer Aktie. Das Problem, das sich dabei stellte, war, dass bei dieser Art der Analyse keine Bewertung des gesamten Markts erfolgte. Doch da sich die Konjunktur in einer Phase steigender Inflation befand, wäre es unbedingt erforderlich gewesen, den Markt insgesamt zu bewerten. Infolgedessen war die Bewertung eines Unternehmens aufgrund einer Kurs-Gewinn-Spanne aus der Vergangenheit in einer Phase permanenter Inflation die falsche Fragestellung. Aufgrund dieses Denkfehlers kam es dann zu großen Verlusten.

Bei meiner jetzigen Arbeit als Kapitalanlegerin und CEO einer Aktiengesellschaft sehe ich es als meine wichtigste Aufgabe an, die richtige Frage zu stellen. Denn nur wenn man die richtige Frage stellt, kann man auch die richtige Antwort erhalten.

Peter S. Cohan

President, Peter S. Cohan & Associates; Autor von „Value Leadership: The 7 Principles That Drive Corporate Value in Any Economy"*

Einen äußerst wichtigen Rat habe ich von meinem Vater erhalten, der in Geldanlagen recht erfolgreich war und der mich stets vor Leerverkäufen warnte, einem außerordentlich risikoreichen Verfahren mit unbeschränktem Verlustrisiko. Wenn man eine Aktie bei zehn shortet und sie dann auf 20, 50 oder 100 steigt, besteht theoretisch ein grenzenloses Verlustrisiko. Man muss dabei sehr vorsichtig vorgehen und sich sicher sein, dass man mit seinen Erwartungen richtigliegt. Der väterliche Rat weckte bei mir die Neugier herauszufinden, unter welchen Voraussetzungen Aktienleerverkäufe erfolgreich sein können. Eine gute Gelegenheit für einen Leerverkauf bieten Aktien von Unternehmen, die kurz vor dem Konkurs stehen. Gelingt es Ihnen, Unternehmen ausfindig zu machen, die hoch verschuldet sind und Gefahr laufen, ihren Bankverpflichtungen

* Wertvoller Führungsstil: Die sieben Grundregeln, die den Unternehmenswert unabhängig von der Konjunktur steigern

aufgrund branchenbedingter oder finanzpolitischer Trends nicht nachkommen zu können, besteht die Möglichkeit, durch Aktienleerverkäufe Geld zu verdienen. Dabei sollten Sie allerdings sehr vorsichtig sein.

Beinahe alle Strategien, die üblicherweise als richtig gelten, können sich in ganz bestimmten Situationen als falsch erweisen. Doch auch solche Situationen bieten interessante Anlagemöglichkeiten. Selbst wenn Unternehmen nach den offiziellen Zahlen nicht gut dastehen, mögen die Anleger trotzdem die dazugehörende Firmengeschichte. Es kommen Gefühle ins Spiel und der Aktienkurs steigt immer weiter an, obwohl die Finanzen des Unternehmens nicht zu den Besten gehören. Taser, Krispy Kreme und Martha Stewart sind einige Beispiele für derartige „Momentumaktien". Die Leute mögen das Produkt, die Persönlichkeiten oder die dazugehörige Geschichte.

Die beste Methode für eine erfolgreiche Geldanlage ist es, den herrschenden Trend innerhalb eines bestimmten Zeitabschnitts herauszufinden. Grundsätzlich lassen sich in den letzten Jahren zwei verschiedene Epochen bestimmen. Von 1995 bis 2000 die IT-Ära, in der besonders der Wert des geistigen Kapitals und des Internets geschätzt wurde. Zu Beginn des Jahres 2001 gab es den sogenannten „Regime Change" in der US-amerikanischen Politik und es wurde eine neue Ära eingeleitet. Geistiges Kapital und Internet wurden durch Industriebereiche wie Kohle, Öl, Erdgas, Verteidigung und einige traditionelle Medien als beherrschende Trends ersetzt. Je früher Sie feststellen, dass eine neue Ära begonnen hat, umso eher können Sie darin investieren. Wenn Sie dann in diesen neuen, vorherrschenden Industriezweigen investiert sind, gilt es, mittels einer vergleichenden Analyse herauszufinden, welche Bereiche besonders gute Entwicklungschancen haben und welche Unternehmen in diesen

Industriebereichen am ehesten erfolgreich sein könnten. Gelingt Ihnen dies bereits zu Beginn einer neuen Ära, werden sich Ihnen einige ausgezeichnete Anlagemöglichkeiten bieten.

Bei der Suche nach Unternehmen, die Erfolg versprechende Anlagemöglichkeiten bieten, sollten Sie neue Gelegenheiten außerhalb Ihres bestehenden Portfolios suchen. Nach Enron und WorldCom versuchte ich, Grundregeln zu definieren, die den Anlegern eine Entscheidungshilfe sein könnten. Ich wollte wissen, ob es Prinzipien gibt, die sowohl den Anlegern als auch den Unternehmensleitern helfen können, höhere Renditen zu erzielen. Nachdem ich zahlreiche Unternehmen untersucht hatte, kam ich auf insgesamt acht „Value Leaders“. Darunter befanden sich börsennotierte Unternehmen, die 35 Prozent schneller wuchsen als Unternehmen mit vergleichbaren Umsätzen, die 109 Prozent höhere Reingewinne erzielten als Vergleichsunternehmen und die eine weitaus bessere Aktienperformance als andere in ihrem Geschäftsbereich hatten. Ich fand heraus, dass diese Unternehmen sieben Grundregeln für wertvollen Führungsstil gemeinsam hatten:

1. Humankapital: Erfolgreiche Unternehmen sind davon überzeugt, dass der Umgang mit den Mitarbeitern Einfluss auf den Unternehmenserfolg hat. Werden Mitarbeiter gut behandelt, behandeln sie auch die Kunden gut. Kunden kommen dann immer wieder zurück und Bestandskunden sind günstiger als Neukunden. Southwest Airlines ist dafür ein gutes Beispiel. Dieses Unternehmen hat ein strenges Bewerbungsverfahren und legt großen Wert auf Teamarbeit. Mit dem Ergebnis, dass es das einzige Flugunternehmen ist, dass in ausnahmslos jedem Geschäftsjahr Gewinn erzielt.

2. Förderung von Teamarbeit: Goldman Sachs ist hervorragend darin. Das Unternehmen stellt Mitarbeiter ein, die gute Teamplayer sind, und trennt sich von Mitarbeitern, die ihre eigenen Interessen vor die Belange des Unternehmens stellen. Das Unternehmen wächst 45 Prozent schneller als Vergleichsunternehmen.

3. Kostengünstige Produktentwicklung: Kostengünstige Verfahren bei der Entwicklung neuer Produkte und Dienstleistungen sind der Schlüssel zum Unternehmenserfolg von 3M. Die Post-its waren das Ergebnis eines kostengünstigen Testverfahrens, bei dem einige Mitarbeiter von 3M die Haftnotizen sonntags zur Kennzeichnung der Stellen im Gesangbuch nutzten. Jetzt geht es in der Unternehmenskultur von 3M darum, derartige Testverfahren von Mitarbeitern zu unterstützen. Der Aktienpreis dieses Unternehmens ist in den vergangenen 33 Jahren jährlich um sieben Prozent gestiegen.

4. Verantwortung übernehmen: 1982 starben sieben Menschen an einer Blausäurevergiftung. Die Blausäure wurde im Schmerzmittels Paracetamol der Marke Tylenol gefunden. Johnson & Johnson hatte ein Image, das auf mütterlicher Zuwendung und Fürsorge beruht, und hält bis heute daran fest. Sofort und ohne die Zustimmung des CEO abzuwarten, der sich zu diesem Zeitpunkt in einem Flugzeug befand und nicht erreichbar war, rief das Unternehmen 31 Millionen Flaschen zurück, eine Aktion, die Johnson & Johnson 150 Millionen Dollar kostete. Diese Reaktion gilt bis heute als Modellfall dafür, wie Unternehmen ihre Verantwortung wahrnehmen sollten.

5. Selbstgerechtigkeit vermeiden: Viele erfolgreiche Unternehmen sind fest davon überzeugt, alles richtig zu machen. Ein erfolgreiches Gegenbeispiel ist Microsoft, das nach Abschluss eines Projekts eine schonungslose Fehlersuche im Umfang einer Dokumentation von 60 bis 100 Seiten durchführt. Dieser Bericht, der sämtliche Fehler beschreibt, wird an alle Mitarbeiter einschließlich Bill Gates verteilt. Diese Kultur der Selbstkritik und ständigen Verbesserung ist äußerst wichtig und ein wesentlicher Faktor im Kampf gegen Selbstgefälligkeit und in dem Bemühen, sich in positiver Weise weiterzuentwickeln.

6. Gewinnen durch Vielfalt: Nicht nur mit einem einzigen Leistungsmerkmal zum Wettbewerb antreten, sondern mit fünf oder zehn! Dadurch wird das Nachahmen schwieriger für die Wettbewerber. MBNA ist in vielen Bereichen stark: Kreditinformation, Schulung von Kundendienstmitarbeitern, Marktsegmentierung und Direktverkauf. Die Tatsache, dass sich MBNA in verschiedenen Bereichen auszeichnete, machte das Unternehmen zum größten unabhängigen Kreditkartengeber weltweit und zog die Aufmerksamkeit der Bank of America auf sich, die im Juni 2005 einer Übernahme zum Preis von 35 Milliarden Dollar zustimmte.

7. Kommunaler Förderer: Trotz negativer Berichterstattung in den Medien spendete Wal-Mart im Laufe der Zeit 200 Millionen Dollar an kommunale Einrichtungen. Ein großer Teil des Firmenwachstums ist diesem kommunalen Engagement zu verdanken. Sobald das Unternehmen die Eröffnung eines neuen Geschäfts plante, wurde es mit dem Widerstand der Kommunen konfrontiert. Doch Wal-Mart

zeigte Verständnis für die Bedürfnisse der Gemeinden und dadurch gelang es der Einkaufskette immer wieder aufs Neue, die Bedürfnisse der Kommunen mit dem eigenen Wunsch nach Wachstum in Einklang zu bringen. Durch die Bereitschaft, vom eigenen Erfolg einen Teil zurückzugeben, gelang es dem Unternehmen, das schnelle Wachstum fortzuführen.

Das zeigt, wie vorteilhaft es für den Anleger ist, den sogenannten Wertquotienten des Unternehmens, für das er sich interessiert, herauszufinden. Unternehmen mit hohem Wertquotienten neigen dazu, am Aktienmarkt bessere Ergebnisse zu erzielen als Unternehmen mit niedrigem.

Hersh Cohen

Chief Investment Officer, Citigroup Asset Management

Als ich 1969 in die Investmentbranche einstig, befand sich die Börse in einer Baisse. Dies erschien mir als ein einfaches Spiel, denn in den späten 60er-Jahren gab es heftige Aktienspekulationen von Unternehmen mit fragwürdigen Erfolgen beziehungsweise kreativer Buchführung. Die Lage in Vietnam spitzte sich zu, die US-Notenbank verschärfte ihre Politik der Geldverknappung und die Börsen drohten, im Papierkrieg zu versinken.

Ich wusste nicht, was es bedeutet, sich in einer Hausse zu befinden. Im Sommer 1974 war Larry Fertig mein Tennispartner und ich konnte noch nicht wissen, dass er letztendlich 40 Jahre lang mein Vorgesetzter sein würde. Zu dieser Zeit war ich als Finanzkolumnist tätig und veröffentlichte meine Artikel in den verschiedenen Zeitschriften von Scripps Howard. Ich hatte bereits einige Erfahrungen gesammelt und war erfolgreich in allen möglichen Märkten investiert. Er brachte mir immer wieder Langzeitcharts von Aktien mit, die unter den hohen Kursrückgängen zwar litten, doch auf lange Sicht langsamer als andere fielen, beziehungsweise stagnierten oder sich seitwärts bewegten. Er sprach von Schnäppchenkäufen und war sehr bullish gestimmt. Inzwischen befand sich die Stadt New York in einigen Schwierigkeiten, die USA wurden durch den Vietnamkrieg zerrissen, die Ölpreise schossen in die Höhe, die Inflation stieg unaufhörlich und die Zinssätze waren hoch.

Ich fragte: „Larry, wie können Sie nur so bullish sein? Es passiert gerade so viel Negatives, so viel, worüber man sich Sorgen machen sollte.“ Er schaute mich an und antwortete: „Hersh, ich habe bereits in der Zeit vor dem großen Börsencrash Geld angelegt. Es passiert immer etwas, worum man sich Sorgen machen sollte. Es fragt sich nur, ob die Börse sich diese Sorgen nicht schon zu einem früheren Zeitpunkt gemacht hat.“

Mir ging plötzlich ein Licht auf. Diese einfachen, auf Erfahrung und Klugheit beruhenden Worte, halfen mir, mich immer wieder daran zu erinnern und stets darauf zu achten, wie sehr die Aktienmärkte die Wirkung der Ereignisse vorwegnehmen, sowohl der positiven als auch der negativen.

PS: Der Dow Jones Industrial Average stand zu dieser Zeit etwa bei 600 Punkten.

Art Collins

Chairman und CEO, Medtronic, Inc.

Meiden Sie Geldanlagen, von denen Sie nichts verstehen oder die zu schön sind, um wahr zu sein. Können Sie bei einer Geldanlage die Strategie, den Gewinnfluss oder die Finanzstruktur nicht nachvollziehen, besteht eine hohe Wahrscheinlichkeit, enttäuscht zu werden. Schauen Sie sich die leitenden Persönlichkeiten des Unternehmens, die Erfolgsbilanz und die Unternehmensphilosophie genau an und stellen Sie sich dann folgende Fragen: Habe ich Vertrauen? Entsprechen die Fundamentaldaten den Anforderungen einer Geldanlage? Entsprechen die Fundamentaldaten nicht den Anforderungen, sollten Sie auch nicht in dieses Unternehmen investieren, doch sind die Fundamentaldaten gut, werden sie auch zu guten Ergebnissen führen.

John E. Core

Außerordentlicher Professor für Finanzbuchhaltung, Wharton School of Business

Als ich 1990 begann, Geld anzulegen, erhielt ich von einem Freund den folgenden Rat: „Lies ‚Der Börse einen Schritt voraus' von Peter Lynch!" Peter Lynch erklärt in diesem Buch, wie er im Stil Warren Buffetts Renditen erzielte, als er für Fidelity den Magellan Fund gründete und aufbaute. In diesem leicht verständlichen und interessanten Buch erfahren Sie viel über Geldanlage.

Meine drei Ratschläge sind die besten, die ich jemals erhalten habe, und umfassen meine Erfahrungen als Anleger in den letzten 15 Jahren, meine beruflichen Erfahrungen im Wertpapier- und Emissionsgeschäft, in der Anlageberatung und als Professor für Finanzbuchhaltung in Wharton.

1. Diversifizieren Sie Ihr Portfolio und verringern Sie Steuerlast und Handelskosten. Dieser wohlbekannte Rat zum Vermögensaufbau ist zweifellos richtig und durch eine über

40-jährige systematische Beobachtung von Finanzfaktoren bestätigt worden. Zur Diversifizierung lege ich mein Kapital in verschiedenen Renten- und Aktienindexfonds an. Um die Steuerlast und Handelskosten auf ein Minimum zu beschränken, lege ich mein Geld über Kapitalanlagegesellschaften an, die Branchenführer sind und die trotz niedriger Kosten einen guten Service bieten, wie Vanguard, Charles Schwab und Barclay's iShares. Sind Sie einmal investiert, lassen diese Kapitalanlagegesellschaften Sie und Ihr Geld dann in Ruhe.

2. Man muss seine Anlageziele kennen und Anlagemöglichkeiten wählen, die zur Erreichung dieser Ziele geeignet sind. Wenn Sie wie die meisten Anleger für Ihre Altersvorsorge sparen und in den nächsten 10 oder 20 Jahren in den Ruhestand gehen möchten, benöten Sie etwas Bargeld für den Fall, dass Sie krank werden oder Ihren Arbeitsplatz verlieren. Ich empfehle Ihnen, einen ausreichenden Betrag als Notgroschen für schlechte Zeiten in dem Fonds-Äquivalent Ihres Staates des Vanguard Pensylvania Tax-Exempt Money Market anzulegen.
Investieren Sie den Rest Ihrer Ersparnisse in einigen Aktienindexfonds, entweder bei Vanguard oder durch den Kauf von iShares. Das ist eine sichere Vorgehensweise, die nicht schlecht ausgehen wird. Außerdem werden Sie auf diese Weise innerhalb eines Zeitraums von zehn Jahren gute Renditen erzielen. Wenn Sie andererseits bereits im Ruhestand sind oder Vermögen aufbauen, das Sie in Kürze benötigen, sollten Sie Ihr Geld eher in einen Rentenindex- statt in einen Aktienindexfonds anlegen.

3. Legen Sie regelmäßig Geld an und versuchen Sie nicht, den richtigen Zeitpunkt abzuwarten! Im Laufe der Zeit steigt der Aktienmarkt um zehn Prozent jährlich. Doch auch wenn es innerhalb eines Zeitraums von fünf Jahren eine Rendite von 50 Prozent gibt, kann der größte Teil davon innerhalb eines einzigen Jahrs erzielt werden. Wenn Sie den richtigen Zeitpunkt abwarten möchten, dann müssen Sie Bargeld zurückhalten, um zu einem späteren Zeitpunkt Aktien günstig kaufen zu können. Auf diese Weise verpassen Sie die großen Gewinne und verlieren Geld. Wenn Sie Ihr Geld regelmäßig anlegen, werden Sie nicht so unter dem Markt leiden wie ich in der Zeit von 1995 bis 1999, als ich versuchte, den richtigen Zeitpunkt abzupassen und während der größten Börsenhausse aller Zeiten Barmittel hielt.

Diesen grundsätzlichen Ratschlägen füge ich noch drei besondere hinzu, darunter zwei, von denen ich mir wünschte, ich hätte sie selbst öfter befolgt:

Sparen Sie so viel Sie können und Ihre Anlagen entwickeln sich besser! Anlagefehler können auftreten, wenn bei zu geringen Sparmitteln versucht wird, viel zu hohe Renditen zu erzielen. Jemand hat zum Beispiel Anlagen, die bei einem angenommenen durchschnittlichen Ertrag von zehn Prozent jährlich zu Beginn des Ruhestands einen Wert von 500.000 Dollar haben werden. Doch zur Finanzierung des Ruhestands wird eine Million Dollar benötigt. In Anbetracht eines Fehlbetrags von 500.000 Dollar wird der Anleger dann entweder zu leichtsinnig oder zu vorsichtig. Wenn Sie also nicht genug sparen, wird es schwierig werden, tatsächlich in den Ruhestand zu kommen. Doch wenn Sie genug gespart haben, sind Anlagegewinne schnell verdientes Geld. Sie werden über mehr als ausreichend finanzielle Mittel verfügen und werden Ihren Ruhestand auch genießen können, wenn Ihre Geldanlagen doch nicht so gut abschneiden. Sollten Sie besonders gute Renditen erzielen, können Sie früher in den Ruhestand gehen oder sich mehr leisten und vielleicht ein wenig von Ihrem Geld abgeben.

Setzen Sie nicht auf einzelne Aktienchancen, das sogenannte Stock-Picking, wenn Sie nicht regelmäßig die Aktienentwicklung beobachten möchten. Beim Stock-Picking sollten Sie sich zehn Stunden wöchentlich Zeit nehmen, um die Aktien zu beobachten und die allgemeine Entwicklung zu verfolgen. Denn wenn Sie die Entwicklung der von Ihnen bevorzugten Aktien nicht kontinuierlich beobachten, werden Sie ein viel schlechteres Ergebnis erzielen, als wenn Sie Ihr Geld in Indexfonds anlegen. Um Geld zu verdienen, beachten Sie die folgenden Ratschläge: Sie müssen eine Anlage zu einem niedrigen Kurs kaufen und zu einem guten Kurs verkaufen. 1990 kaufte ich Kmart-Aktien zu 13 Dollar, in der Hoffnung, dass der Kurs drastisch stiege, sobald die Umstrukturierung des Unternehmens abgeschlossen wäre. Der Kurs stieg auf über 17 Dollar bei Ankündigung der Umstrukturierungsmaßnahmen. Doch ich war nicht aufmerksam, ließ mich ablenken und vernachlässigte den rechtzeitigen Verkauf und verwandelte so einen sicheren 20-prozentigen Gewinn in einen 40-prozentigen Verlust.

Widerstehen Sie Leerverkäufen! Wenn Sie Aktien beobachten, werden Sie immer wieder Papiere finden, die Sie für überbewertet halten. Sie sind dann versucht, leer zu verkaufen, das heißt, darauf zu spekulieren, dass der Aktienkurs kurzfristig fällt. Bei einem Leerverkauf versuchen Sie, die zehn Prozent zu übertreffen, um die der Markt durchnittlich jedes Jahr steigt. Im Privatkundenbereich werden normalerweise fünf Prozent Zinsen für geliehene Wertpapiere verlangt. Wenn der Aktienkurs sich dann nicht wie vorgesehen entwickelt, liegen Sie 15 Prozent unter dem Marktdurchschnitt. Aktienleerverkäufe können beängstigend und schmerzhaft sein. Im August 1999 ging ich davon aus, dass der Nasdaq überbewertet war. Ich verkaufte leer bei 2.750 Punkten. Dann schoss der Nasdaq um 80 Prozent auf 5.000 Punkte in die Höhe und ich verlor 50 Prozent meines Portfolios. Wenn ich den Nasdaq gekauft anstatt geshortet hätte, wäre mein Ergebnis um den gewaltigen Betrag von 130 Prozent besser gewesen.

Um meine Ratschläge zu verdeutlichen, habe ich Ihnen von Misserfolgen und eigenen Anlagefehlern berichtet. Meine Erfolgsgeschichten sind weniger bunt, doch dafür umso typischer. Um erfolgreich zu sein, beachten Sie die folgenden Ratschläge:

1. Je mehr Sie sparen, umso besser werden Sie Ihr Geld anlegen.
2. Kein Stock-Picking, wenn Sie nicht regelmäßig die Entwicklung am Aktienmarkt verfolgen.
3. Widerstehen Sie der Versuchung, Aktien leerzuverkaufen!
4. Definieren Sie Ihre Anlageziele und wählen Sie Anlagen aus, die zur Erreichung dieser Ziele geeignet sind!
5. Legen Sie regelmäßig Geld an und versuchen Sie nicht, den richtigen Zeitpunkt abzuwarten!
6. Diversifizieren Sie Ihr Portfolio und verringern Sie die Steuerlast und Handelskosten!
7. Lesen Sie „Der Börse einen Schritt voraus“ von Peter Lynch!

James J. Cramer

Moderator von „Mad Money“ bei CNBC, Börsenkommentator bei thestreet.com

Den besten Rat zum Thema Geldanlage erteilte mir mein Vater Ken Cramer. Er brachte mir bei, dass es in erster Linie auf die Lagerbestände ankommt. Sind sie zu hoch, gibt es Probleme. Sind sie zu niedrig, gibt es ebenfalls Probleme. Zu hohe Kosten für die Lagerhaltung wirken ebenso schädlich wie eine falsche Zusammensetzung.

Dabei kommt mein Vater gar nicht aus der Aktienbranche, sonder handelt mit Kartons und Tüten – sprich, er versorgt den Einzelhandel mit dem Material, das zum Verpacken der Waren benötigt wird.

Doch das spielt keine Rolle. Als Hedgefondsmanager habe ich trotzdem immer beherzigt, was mir mein Vater vermittelte. Ich betrachtete meine Aktien als Lagerbestände und ich stellte fest, dass man in größeren Sell-offs Kopf und Kragen riskiert, wenn man zu hohe Bestände hält. Zieht der Markt dagegen an und man ist zu schwach bestückt, kann man nicht schnell genug aufholen. Also balancierte ich meine Aktienbestände täglich so aus, dass ich für den Handel des nächsten Tages gerüstet war.

Auch die mit Krediten verbundenen Gefahren waren mir wohl bewusst. Allzu viele Investoren, darunter auch Hedgefondsmanager, erwärmen sich für Dummheiten wie Geschäfte auf Kredit. Mein Vater lebte ständig in der Angst, seine Warenbestände mit Krediten zu belasten, und diese Angst hat sich auf mich übertragen. Ich wusste, dass man nicht zu hohe Belastungen haben durfte, wenn es schwierig wurde, und bürdete mir daher nie zu hohe Bestände auf, wie es heutzutage viele Investoren tun.

Mir war immer klar, dass mein Vater damals keinen Investmentmanager aus mir machen wollte. Er versuchte einfach, in seiner Position bei International Packaging Products sein Bestes zu geben und Geschenkpapier, Faltschachteln und Plastiktüten an den Mann zu bringen. Dennoch habe ich viel von ihm gelernt und dafür werde ich ihm immer dankbar sein.

Michael Critelli

Chairman und CEO, Pitney Bowes, Inc.

Ich weiß nicht mehr, wer mir den einen allerbesten Investmentrat gegeben hat, doch eine Zusammenfassung der wichtigsten Tipps aus verschiedenen Quellen würde sich in etwa folgendermaßen anhören:

„Wenn dir jemand über einen längeren Zeitraum hohe Renditen zu geringen Risiken in Aussicht stellt, lass die Finger davon." Eine Einzelquelle, die diesen Rat besonders eingängig formuliert hat, ist die Titelstory einer fünf Jahre alten Ausgabe des *Fortune Magazine* unter der Überschrift „The 15 Percent Myth" [Der 15-Prozent-Mythos; Anm. d. Übers.]. Die Autoren des Artikels behaupteten, dass, falls überhaupt, nur sehr wenige große bis mittelgroße Unternehmen über längere Zeit kontinuierlich Ertragssteigerungen von 15 Prozent erwirtschaften können. Die Wachstumsrate geht irgendwann unweigerlich zurück, weil das Unternehmen auf Dauer zu groß wird für beschleunigtes Wachstum oder sich auf immer riskantere Investitionen einlässt und dabei daneben greift oder weil sich das geschäftliche Umfeld zu sehr verändert, sodass die Wachstumsquellen wegfallen. In diesem Zusammenhang riet mir mein Vater: „Wenn dir jemand versichert, dass du mit einer Anlage ‚gar nicht verlieren kannst', ist die Gefahr, dass du damit Geld in den Sand setzt, umso höher."

Leider Gottes missachtete ich diese beiden weisen Ratschläge 1986 und 1987, denn damals war ich überzeugt, dass man mit Immobilien in New York City gar nicht schiefliegen konnte. Meine Frau und ich beteiligten uns an zwei „todsicheren" Genossenschaftsumwandlungs-Transaktionen und verloren unser gesamtes Anlagekapital, weil sich die Steuergesetze und die Statuten der Stadt New York und die Baubestimmungen änderten. Später hielt ich mich dann glücklicherweise an diesen Rat und konnte Verluste mit Dotcom-Unternehmen vermeiden, weil ich die projizierten hohen Anlageerträge auf Dauer nicht für haltbar oder realisierbar hielt.

David Darst

Chef-Investmentstratege, Morgan Stanley Global Wealth Management Group

Paul Cabot verwaltete über zehn Jahre lang den Stiftungsfonds der Harvard-Universität. Er meinte: „Zuerst muss man die Fakten kennen. Kennt man sie, muss man sich ihnen stellen". Die Fakten zu kennen ist heute leichter als je zuvor. Wenn überhaupt, dann haben wir sogar einen Datenüberhang, der erst einmal aufwendig gesichtet werden muss. Sich den Fakten zu stellen, bedeutet, diese distanziert und rational zu betrachten. Dem lauten Protest seiner Kollegen zum Trotz, die eine neue Depression kommen sahen, veränderte Cabot die Asset-Allokation des Harvard-Stiftungsfonds radikal und schichtete ihn von Anleihen und festverzinslichen Papieren mit ihren niedrigen Renditen auf Aktienanlagen um. Durch diesen revolutionären Schritt brachte er das Stiftungsvermögen von Harvard in die richtige Ausgangsposition für einen kräftigen Aufwärtstrend von Wertpapierkursen und Konjunktur.

Als er den Fonds 1948 übernahm, war dieser etwa halb so groß wie der von Yale. Als er sich zur Ruhe setzte, war das Volumen doppelt so groß. Wie er das geschafft hatte? Indem er sich den Fakten stellte. Viele glaubten, dass die Militärangehörigen erschöpft aus dem Kriegsdienst ausscheiden und sich ihre Zeit damit vertreiben würden, im Garten zu sitzen und die Bibel zu lesen. Man rechnete nicht damit, dass sie sich als Motoren der amerikanischen Wirtschaft erweisen würden. Doch genau das war der Fall. Sie kehrten zurück, gründeten Familien, errichteten Häuser am Stadtrand, bauten Autobahnen und kauften Einrichtungsgegenstände. Cabot war ein Mann mit Überzeugungen. Und er war bereit, Risiken einzugehen und in die potenzielle Produktivität der Nachkriegswirtschaft zu investieren.

Risikobereitschaft ist der Schlüssel zu jeder erfolgreichen Anlagestrategie. Allerdings sollte man dabei Umsicht walten lassen. Ziehen Sie Ihr Einkommen und Ihre Ausgaben ins Kalkül. Wie viel Geld brauchen Sie zum Leben? Stellen Sie diese Summe Ihrem Portfolio gegenüber und den Risiken, die Sie eingehen wollen, und bewerten Sie das Ganze dann im Lichte des aktuellen Marktklimas. Nach den Auswüchsen der 1990er-Jahre befinden wir uns für die nächsten Jahre in einer renditearmen Phase. Schauen Sie in die Zukunft – welche Branchen werden künftig boomen? Berücksichtigen Sie die demografische Entwicklung. Die Bevölkerung der USA wird in den kommenden 45 Jahren explosiv anwachsen – noch rascher als die chinesische. Der hispanische Markt in den USA wird heiß werden. Informieren Sie sich darüber und fahnden Sie nach Aktien, die von solchen demografischen Veränderungen profitieren.

Außerdem sollten Sie Ihr Portfolio häufiger überprüfen. Persönlicher Kontakt zu Ihrem Finanzdienstleister ist ebenfalls wichtig. Treffen Sie sich regelmäßig – so, wie Sie jedes Jahr zur Vorsorgeuntersuchung Ihren Arzt aufsuchen. Betrachten Sie das als Vorsorge für Ihr Portfolio. Was Sie dann noch brauchen, ist ein „Onkel Milton“ – ein Mensch, der weise ist, der Ihre Neigungen und Fehler kennt und sich traut, sie darauf hinzuweisen. Ihr Onkel Milton sollte sich in Finanzdingen auskennen und auf dem Laufenden sein, muss aber nicht aus dem Investmentgeschäft kommen. Die eigenen Ideen mit jemand anderem zu besprechen, kann unschätzbar wertvoll sein. Warren Buffett hat wiederholt gesagt, dass er ohne Charlie Munger nicht der wäre, der er heute ist. Jeder braucht jemanden, der seine Ideen kritisch kommentiert.

Wenn Sie Kinder haben, sollten Sie für die Ausbildung vorsorgen. Die meisten Leute sparen wie die Verrückten – sie sparen für ein Haus und kaufen es sich. Sie sparen für die Ausbildung und geben das Geld dann auch dafür aus. Haben die Kinder fertig studiert, müssen die Eltern dringend an die Altersvorsorge denken. Ihr Erspartes ist dann weitgehend aufgebraucht. Überlegen Sie, wie sich eine Ausbildung sonst noch finanzieren lässt – etwa auf Kredit, mit staatlicher Unterstützung oder indem Ihr Kind einen Teilzeitjob annimmt. Gehen Sie nicht ans Eingemachte, wenn Sie noch Ihr halbes Leben vor sich haben.

Bei der Geldanlage ist gesunder Menschenverstand gefragt. Viele meinen, es gehe dabei um Grips und Intellekt, doch in Wirklichkeit geht es schlicht um Urteilsvermögen und gesunden Menschenverstand. Lassen Sie sich also nicht einschüchtern. Die meisten Menschen haben mehr gesunden Menschenverstand, als sie glauben. Halten Sie die Augen offen, achten Sie auf aktuelle Trends, diskutieren Sie Ihre Ideen mit Ihrem Onkel Milton und dann klappt es auch. Vorausgesetzt, Sie üben sich in Geduld. Unsere Konzentrationsphasen sind in der Regel nur kurz – wir wollen Ergebnisse, und zwar sofort. Doch gerade in dieser Situation machen wir Fehler. Alle großen

Investoren fangen mit kleinen Schritten und flexiblem Engagement an. Erst wenn sich die Dinge nach Wunsch entwickeln, trauen Sie Ihrer Überzeugung. George Soros sagte: „Es geht gar nicht darum, wie oft man recht behält. Ich liege neun von zehn Mal falsch. Mein Vermögen habe ich damit gemacht, wie ich gehandelt habe, wenn ich richtiglag." Zu wissen, wann man den Fuß vom Gas nehmen sollte und wann es von Vorteil ist, das Pedal durchzutreten – das macht den Unterschied.

Bob Doll

President und Chief Investment Officer, Merrill Lynch Investment Managers

Ich kam bereits sehr früh, als ich noch vollkommen unbedarft war, mit dem Optionsmarkt in Berührung. Schon während meines Studiums spekulierte ich hier und da mit kleineren Summen und hatte Glück. Auf dem Optionsmarkt macht man schnell Fehler, weil er so schnelllebig ist. Mir wurde damals geraten, „gute Unternehmen zu kaufen". Engagiert man sich in einem soliden Unternehmen, hat man auch beim falschen Einstiegszeitpunkt noch Chancen auf Gewinne, weil gute Unternehmen früher oder später auch gute Ergebnisse bringen.

Ein Rat, den ich gern auf Seminaren gebe, ist ebenso banal wie effektiv: zu niedrigen Kursen kaufen, zu hohen verkaufen. Diesen Grundsatz kennt jeder, doch danach zu handeln, ist gar nicht so leicht. Das schaffen nur ganz wenige. Ob es gelingt, hängt von der Frage des Verhältnisses von Disziplin zu Emotion ab. Aus der Vergangenheit wissen wir, dass sich Markttiefs dann ausbilden, wenn die Verkäufer zahlenmäßig am stärksten sind, und Hochs, wenn es die meisten Käufer und die wenigsten Verkäufer gibt. Per definitionem kauft der durchschnittliche Marktteilnehmer zu hohen Kursen und verkauft zu niedrigen, denn genau das macht die Masse. So entstehen Panikextreme auf dem Markt – die tiefen Baisse-Böden und die himmelhohen Hausse-Gipfel. Eigentlich sollte man also zu tiefen Kursen kaufen und zu hohen verkaufen, doch genau das Gegenteil ist der Fall. Die logische Frage lautet also, warum das so ist und was die Menschen davon abhält, das Richtige zu tun. Die Antwort: Weil sie ihre Disziplin über den Haufen werfen und emotional reagieren. Wenn eine Aktie steigt und alle denken: „Ich muss unbedingt aufspringen, bevor der Zug abgefahren ist", kochen die Gefühle hoch. Die Angst, das Tollste zu verpassen, treibt die Anleger dazu, zu teuer zu kaufen.

Sacken hingegen einzelne Titel ab, drängt sich ein anderer Gedanke auf: „Sicher wird der Kurs morgen noch etwas niedriger sein, also warte ich mit dem Kauf noch ab." Wie lange wollen Sie warten? Bis sich der Trend umkehrt und der Kurs wieder anzieht? Angst und Gier sind Gefühle, die beherrscht sein wollen und durch Disziplin ersetzt werden müssen. Und dieser Ansatz sollte auf jeden Bestandteil Ihres Portfolios Anwendung finden. Nehmen Sie zum Beispiel die Asset-Allokation. Sie haben zwei Anlagekategorien – Aktien und liquide Mittel. Wenn die Aktien steigen, geht ihr Anteil am Portfolio bei einem festgelegten Mischungsverhältnis automatisch in die Höhe. Dann muss Ihre Disziplin greifen, die Sie zwingt, das Portfolio neu zu gewichten und Geld vom Tisch zu nehmen. Fallen die Kurse dagegen, sinkt der Anteil der Aktien am Gesamtportfolio automatisch. So schwer es auch fällt, in fallende Kurse hinein zu kaufen – Sie liegen dann unterhalb Ihrer Zielallokation und müssen zugreifen.

Erfolg und Misserfolg im Investmentgeschäft liegen nah beieinander. Hundertprozentige Sicherheit gibt es ganz offensichtlich nicht, doch ich habe viele Investmentmanager bei Merrill Lynch und anderswo beobachtet und mit ihnen zusammengearbeitet und dabei festgestellt, dass die Erfolgreichen in der Regel eine gemeinsame Philosophie, Verfahrensweise oder Disziplin haben, an der sie sich langfristig orientieren – eine vernünftige Grundlage mit überzeugender Erfolgsquote. Den Erfolglosen fehlt ein solcher vernunftbasierter Unterbau. Sie jagen stets dem neuesten Modetrend hinterher, ob es sich dabei um ein bestimmtes Unternehmen handelt oder um eine Investmentmethode, die gerade zu funktionieren scheint.

Die weniger erfolgreichen Akteure springen auf solche Trends auf, kommen aber häufig zu spät ins Spiel.

Hören Sie auf den Markt. Der Markt verrät viel. Vielleicht glauben Sie ja, die Firma XYZ besser zu kennen als jeder andere, und sind sicher, dass das Unternehmen jede Menge Gewinn machen wird. Also kaufen Sie die Aktie. Am nächsten Tag fällt sie und Sie kaufen zu. Das Gleiche passiert am Tag darauf. Und wieder und wieder. Schließlich müssen Sie sich dann fragen, ob Sie vielleicht etwas verpasst haben? Der Markt ist klüger als wir alle zusammen. Daher muss man lernen, auf den Markt zu hören, wenn man langfristig Erfolg haben will.

Denken Sie daran: Geldanlage ist zum einen Teil Wissenschaft, zum anderen Kunst. Das Wissenschaftliche daran ist die Disziplin, die Kunst besteht im Urteilsvermögen, in der Erfahrung und im aufmerksamen Lauschen auf den Markt.

Dabei sollten Sie stets ein Ziel vor Augen haben – zum Beispiel, Geld fürs Alter zurückzulegen. Zunächst müssen Sie dazu den ersten Schritt machen. Die Magie des Zinseszinseffektes liegt darin, dass Sie am Ende besser dastehen, wenn Sie mit

30 anfangen, als wenn Sie warten, bis Sie 35 oder 40 sind. Haben Sie den ersten Schritt bereits getan und machen sich Sorgen, ob Sie Ihr Ziel auch erreichen werden, sollten Sie etwas mehr investieren. Drittens schließlich sollten Sie clever investieren. Wie sieht Ihr Anlagehorizont aus und welche Anlagekategorien bringen Sie rascher zum Ziel? Wenn Sie fürs Alter vorsorgen möchten und noch 20 Jahre Zeit haben und Sie halten Ihr Erspartes in Form von Barguthaben, ist das zum Beispiel nicht sehr clever, denn längerfristige Anlagen und riskantere Kategorien wie Aktien und Anleihen bieten praktisch in jedem 20-Jahres-Zeitraum höhere Renditen als liquide Mittel.

Steve Forbes

President und CEO, Forbes, Inc.; Chefredakteur, *Forbes Magazine*

Meine grundlegende Philosophie ist: Wenn Sie reich werden wollen, müssen Sie eine eigene Firma gründen. Wenn Sie Kapital anlegen, müssen Anlagedisziplin und langfristiges Investieren für Sie mehr sein als nur Lippenbekenntnisse. Schließlich ist jeder genau so lange ein disziplinierter langfristiger Investor, bis der Markt nachgibt.

Wer Kapital anlegt, sollte diversifizieren und nicht den einen großen Wurf versuchen. Vor Jahren gab es einen fantastischen Investmentmanager, der sagte, dass man beim Investieren genauso vorgehen sollte wie beim Tennisspielen. *Wer nicht gerade ein Profi ist, sollte einfach versuchen, den Ball übers Netz zu spielen.* Das Gleiche gilt für die Geldanlage: Versuchen Sie einfach, den Ball übers Netz zu bringen, und überlassen Sie alles Übrige dem Zinseszinseffekt.

Neuland ist immer bedrohlich – vor allem, wenn sich dort schon der eine oder andere Profi eine blutige Nase geholt hat. Wenn Ihnen die Zeit fehlt, selbst zu investieren, zu lernen, wie man eine Bilanz liest und sich über Aktien zu informieren, dann suchen Sie sich lieber einen Babysitter für Ihr Geld – in Form eines Investmentfonds. Wählen Sie einen Anbieter mit niedrigen Gebühren wie Vanguard oder Fidelity. Überweisen Sie jeden Monat einen festen Betrag und kümmern Sie sich nicht um kurzfristige Entwicklungen.

Zwei Regeln sollten Sie in Bezug auf den Aktienmarkt und dessen extrem emotionsgeladenen Charakter stets beherzigen: Wenn Sie ein gutes Gefühl haben, lassen Sie's, und wenn Sie ein schlechtes Gefühl haben, tun Sie's.

In einer Baisse, so heißt es, verirrt man sich ins Tal der Hoffnung. In den 1990er-Jahren erlebten wir eine ausgeprägte Hausse und die Leute hielten das für normal und glaubten, die Aktien würden auch weiterhin 50 Prozent im Jahr zulegen. Im Jahr 2000 kam es dann zum großen Crash und alle fragten sich: „Wie lang wird er dauern? Wann kommt die Wende?" Es folgte ein trügerisches Zwischenhoch, eine sogenannte Bärenmarktrallye, und alle dachten: „Prima, jetzt ist alles wieder wie früher." Doch dann kam der nächste Einbruch, gefolgt von einer weiteren Bärenmarktrallye, und dann noch ein Einbruch und noch einer. Da dachte jeder nur noch: „Lieber Gott, mach, dass ich das überstehe – dann lasse ich ein für alle Mal die Finger davon." An diesem Punkt sollten Sie einsteigen, sofern Sie noch Geld übrig haben.

In einem Bullenmarkt, heißt es auch, erklimme man die Mauer der Sorgen. Jeder weiß, was alles schieflaufen kann, doch wenn es alle wissen, weiß es auch der Markt. Eine historische Betrachtung der Bullenmärkte zeigt, dass sich das Anlegerpublikum über längere Phasen immer wieder fragt, ob eine echte Krise und wirkliche Probleme ins Haus stehen. So wurde der Markt 1997 durch die Asienkrise erschüttert und

1998 durch den Zusammenbruch Russlands. Auch in Haussephasen geht die Entwicklung nie nur in eine Richtung. Es gibt immer Ausrutscher und Rücksetzer. Häufig kommt es zu kräftigen Rallyes, und dann tritt der Markt wieder eine Zeit lang auf der Stelle. Das Bild vom Erklimmen der Sorgenmauer trifft es also recht genau.

Ich war etwa zehn Jahre alt, als ich lernte, wie man eine Kurstabelle liest. Mein Vater schlug mir ein Geschäft vor: Ich sollte mir zum Geburtstag und zu Weihnachten Aktien aussuchen und er würde die anfallenden Provisionen bezahlen. Sehr früh fand ich heraus, was es mit Dividenden auf sich hat. Die ersten Aktien, die ich erwarb, stammten von der Philippine Long Distance Telephone Company. Sie notierten an der American Stock Exchange und warfen eine recht stattliche Dividende ab. Mit zehn war mir allerdings nicht klar, dass die philippinische Regierung einen saftigen Teil davon als Quellensteuer einbehielt. Außerdem spielte auch das Wechselkursverhältnis zwischen Dollar und Peso eine Rolle, wodurch die Dividende rasch aufgezehrt werden konnte.

Außerdem lernte ich, nie blind auf die Fachleute zu vertrauen. Wie bei einem Arzt sollten Sie auch an der Börse stets eine zweite Meinung einholen. Als Teenager wollte ich mir einen kleinen Bestand an Polaroid-Aktien zulegen. Der Titel war ein ausgesprochen teurer Standardwert, der sich hervorragend entwickelte. Eines Tages sagte mein Vater zu mir, seiner Ansicht nach habe Polaroid das Beste hinter sich und riet mir zu verkaufen. Ich trennte mich von zwei Dritteln meiner Aktien, doch ein Drittel behielt ich. Eines Abends kam mein Vater nach Hause und meinte: „Ich habe mit den Experten im Büro gesprochen, mit dem Redakteur der Zeitschrift, dem Chief Financial Officer und dem Investmentguru, und wir alle halten eine bestimmte unterbewertete Aktie für ein Schnäppchen. Also habe ich dein Geld darin investiert.“ Der Titel, um den es sich handelte, war Penn Central – zwölf Wochen, bevor das Unternehmen bankrottging. Auf diese Weise erfuhr ich mehr über steuerliche Verlustvorträge und steueroptimierte Anlagen, doch ich lernte auch, dass man in verzweifelten Situationen wie dieser aus den rauchenden Trümmern wieder Geld machen kann. Manche der Papiere, die nachher im Zuge der Umstrukturierung nach dem Konkurs emittiert wurden, entwickelten sich ausgezeichnet.

Wer lernen will, richtig zu investieren, der zahlt aber leider nicht nur einmal Lehrgeld. Der Lernprozess endet nie. Und deshalb gibt es da draußen auch nur einen einzigen Warren Buffett. Die Menschen reagieren am Ende doch emotional. Sie kommen ins Grübeln, wenn sie auf einer Cocktailparty hören, dass jemand ein Vermögen verdient hat. Sie denken: Na, klüger als dieser Trottel bin ich schon lange, das kann ich auch.“ Aus diesem Grund ist Disziplin so wichtig. Investieren Sie jeden Monat einen bestimmten Betrag in einen kostengünstigen Investmentfonds, diversifizieren Sie und lassen Sie das Kapital arbeiten. Vergessen Sie nicht: Investieren ist wie Motorrad fahren. Sobald man glaubt, dass man mit einer großen Maschine umgehen kann, passiert ein Unfall. Vor diesem Gefühl sollte man sich bei der Kapitalanlage hüten, denn sonst wird man vom Markt alsbald eines Besseren belehrt.

Wenn es um die private Vorsorge geht, so wird sich diese meist am Federal Thrift Plan orientieren. Dieses beitragsorientierte, staatliche System beruht auf dem Erwerb einer kleinen Auswahl breit gestreuter Fonds, die strengen Sicherheits- und Soliditätsregeln unterliegen und im Laufe der Zeit deutlich mehr Ertrag gebracht haben als die Sozialversicherung für

Hunderttausende von Menschen, die selbst größtenteils wenig Ahnung von Geldanlage haben.

Anfang der 1980er-Jahre stiegen im texanischen Galveston mehrere Bezirke aus der staatlichen Sozialversicherung aus. Sie engagierten sich aber nicht an der Börse, sondern investierten das Geld stattdessen in Instrumente mit garantierter Verzinsung von soliden Versicherungen, in Anleihen und Einlagenzertifikate. Heute erhalten die Beitragszahler im Ruhestand 50 bis 200 Prozent mehr, als sie von der Rentenversicherung bekommen hätten. Und dabei handelt es sich keinesfalls um Investmentexperten. Wer sich nicht an der Börse engagieren will, fährt mit einem privaten Anlagedepot besser als mit dem Verbleib im derzeitigen System.

Der beste Rat ist meines Erachtens aber, nie alles Geld in eine Anlage, ein Unternehmen oder eine Branche zu investieren. Achten Sie stets auf Diversifizierung. Sitzen Sie Bärenmärkte einfach aus. Solange es Amerika gibt, wird Ihr Kapital noch da sein und immer weiterwachsen.

Debby Fowles

Autorin von „The Everything Personal Finance in Your 20s and 30s Book“*; Finanzplanungsexpertin, About.com

Viele Menschen wissen gar nicht, wo sie anfangen sollen, wenn es um Geldfragen geht. Die größte Hürde, das Problem, mit dem sie am meisten zu kämpfen haben, ist, Geld aufzutreiben, um es investieren zu können. Solange dieser erste Schritt nicht getan ist, ist an Kapitalanlage nicht zu denken. Der beste Rat zu diesem Thema, den ich je bekam, wurde mir von meiner Großmutter und meiner Mutter immer wieder vorgebetet: „Spare die Pennies und die Dollars sparen sich von allein.“ Für mich heißt das, dass man nicht unbedingt größere Summen braucht, um Geld anzulegen.

Jeder kann im Kleinen sparen und seine Ausgaben senken. Am häufigsten werde ich gefragt, wie man es schafft, weniger Geld auszugeben, damit Geld für die wirklich wichtigen Dinge übrig bleibt. Oft rinnt uns das Geld förmlich durch die Finger.

* Das Buch der persönlichen Finanzen für 20- bis 30-Jährige

Gewöhnen Sie sich das Rauchen, Trinken und die täglichen Latte macchiatos ab. Diese Dinge kosten auf den ersten Blick nicht viel, können jedoch übers Jahr in die Tausende gehen. Solche Angewohnheiten verschlingen Geld, das Sie sonst in einen Investmentfonds stecken könnten. Sie müssen ja nicht auf alle kleinen Freuden des Lebens verzichten – es genügt, wenn Sie sich der Kosten solcher Extravaganzen bewusst werden, Buch führen und erkennen, wo Ihr Geld hinfließt und wie viel Sie stattdessen hätten anlegen können. Die Menschen kaufen sich gern die teuersten Häuser, die teuersten Autos, die teuersten Klamotten und die neuesten technischen Spielereien. All dieses Geld könnten sie auch investieren. Sie müssen sich nur bewusst dafür entscheiden, worauf es ihnen wirklich ankommt.

Um Geld zu investieren, müssen Sie kein Finanzguru sein. Die Menschen lassen sich oft einschüchtern von all dem Wissen, über das sie ihrer Ansicht nach verfügen sollten. Das ist falsch. Wenn Sie selbst Research betreiben möchten, können Sie sich auf Webseiten wie www.morningstar.com finanzwirtschaftliche Kenntnisse aneignen. Fehlt Ihnen dazu die Zeit oder die Lust, investieren Sie Ihr Geld einfach in einen Investmentfonds ohne Ausgabeaufschlag.

Dr. Bob Froehlich

Chef-Investmentstratege, Deutsche Asset Management

Meine Ansichten über Kapitalanlage haben sich grundlegend geändert, als ich vor zwölf Jahren mit Sam Waltons Sohn James in einem Pick-up saß. Ich war damals auf einer Investorenkonferenz in Bentonville, Arkansas. Wir fuhren durch die Gegend, unterhielten uns übers Investmentgeschäft und er meinte: „Weißt du, die meisten Leute raffen es einfach nicht." Auf meine Frage, was sie denn nicht rafften, entgegnete er: „Sie verstehen den fundamentalen Zusammenhang zwischen einem rentablen Unternehmen und einem Unternehmen mit gutem Service nicht. Die meisten Investoren achten nicht auf diese Beziehung, obwohl eben das der Frühindikator für unternehmerische Rentabilität ist. Aber nein, die sind viel zu beschäftigt mit der Überwachung von Kurs-Gewinn-Verhältnissen und Bilanzen. Am Ende kannst du, wenn du die Firmen und Branchen ausfindig machst, die sich auf den Service konzentrieren, schon sehen, was in fünf oder sechs Jahren passieren wird. Guter Service ist der beste Indikator. Das ist eine Methode der qualitativen Analyse von Firmen und Anlagechancen, die sich von allen übrigen unterscheidet."

Von da an achtete ich auf Kundenbindung, auf die Folgeaufträge, die ein Unternehmen abzuschließen vermochte, auf die Aus- und Weiterbildung der Mitarbeiter, auf die Personalfluktuation. Ich versuchte, aus Service und Kundenbeziehungen qualitative Schlussfolgerungen zu ziehen, denn diese Faktoren bescheinigten dem Unternehmen eine treuere Kundschaft.

Ich betrachte mich selbst als klassischen Value-Investoren. Bevor ich investiere, nehme ich stets bestimmte Elemente unter die Lupe. Erstens suche ich mir Unternehmen mit einem niedrigen Kurs-Gewinn-Verhältnis aus. Das ist mein erster Schritt bei der Sichtung potenzieller Anlageobjekte. Ich will für nichts, was der Markt zu bieten hat, zu viel bezahlen, also versuche ich, einen möglichst günstigen Preis zu kriegen.

Zweitens bin ich ein dividendenorientierter Investor, und das nun schon seit 20 Jahren. Ich lasse meine Investitionen 90 Tage arbeiten. In diesem Rhythmus überprüfe ich mein Portfolio – und dann will ich etwas von dem erwirtschafteten Gewinn abhaben. Ich möchte wenigstens alle drei Monate mein Stück vom Kuchen sehen, in Form von Dividenden. Das war schon immer der Grundpfeiler für meine Art des Investierens – die ständige Suche nach den vernachlässigten, vom Markt unterbewerteten Titeln, um darunter diejenigen herauszupicken, deren Liquiditätslage es zulässt, Dividenden auszuschütten. Ich glaube, die größte Angst der Leute vor dem Investieren – und der Hauptgrund, warum sich so viele selbst ins Aus manövrieren – ist, dass sie Investieren mit Lottospielen verwechseln. Ende der 1990er-Jahre waren zu viele Käufer hinter den Aktien her und die Markterträge gerieten aus den Fugen. Ich habe erlebt, wie hochkarätige institutionelle Kunden dasaßen und mir vorrechneten: „Jetzt, wo der Nasdaq 80 Prozent zugelegt hat, kann ich mich schon in drei Jahren zur Ruhe setzen, statt in 15.“ Sie alle vergaßen die bewährten Grundsätze der Asset-Allokation. Keiner hörte mehr auf den weisen Rat, nach einem Gewinn etwas Geld vom Tisch zu nehmen. Viele sind bis jetzt noch nicht bereit, wieder einzusteigen. Und sie werden sich vermutlich erst wieder auf den Markt wagen, wenn die Angst, etwas zu verpassen, übermächtig wird. Solange der Markt schwach ist, glauben die meisten Leute nicht, dass sie Geld verlieren, wenn sie sich fernhalten. Aber wenn Sie die Entwicklungen der letzten zwei bis drei Jahre aus einem größeren Blickwinkel betrachten, werden Sie feststellen, dass solche Leute sehr wohl verloren haben. Das Problem ist, das wir zu schnell zu viel erreichen wollen. Das macht es schwierig, auf Distanz zu gehen und sich klar zu machen, dass das Ganze ein fortschreitender Prozess ist, kein Lotterielos. Man muss am Ball bleiben, um langfristig Erfolg zu haben.

Bill Gross

Milliardär, Gründer und Chief Investment Officer, PIMCO

Die besten Ratschläge zur Geldanlage, die ich je bekommen habe, hängen gerahmt an der Wand in meinem Büro – gleich neben den Fotos der beiden Finanzgenies, aus deren Feder sie flossen. Ich habe sie aus zwei Autobiografien, die ich ganz zu Anfang meiner Karriere las. Der erste Rat stammt von Bernard Baruch, dem berühmten Investor der 1920er- und 1930er-Jahre, der angeblich auf dem Gipfelpunkt verkauft hat und während der Depression unter Roosevelt als Berater der Regierung politischen Einfluss gewann. Der zweite stammt von Jesse Livermore, einem Spekulanten der gleichen Ära, dem es gleich siebenmal gelungen sein soll, eine Million Dollar zu verdienen, um sie dann wieder zu verlieren und sich am Ende im Badezimmer eines Hotels eine Kugel in den Kopf zu jagen. Schönes Vorbild, nicht wahr?

Baruch meinte: „Was die Menschen auch anfangen, sie neigen stets zur Übertreibung. Wenn die Hoffnungen hoch fliegen, dann sage ich mir immer: ‚Zwei plus zwei ist nach wie vor vier, und man bekommt nichts geschenkt.‘ Sind die Aussichten dagegen allzu pessimistisch, halte ich mir vor Augen, dass zwei plus zwei trotzdem vier ist und sich die Menschheit niemals für lange in die Knie zwingen lässt.“

Das Baruch-Zitat ist ein klassischer Hinweis darauf, dass man gegen den Trend agieren sollte, wenn der Markt zu euphorisch oder übermäßig optimistisch reagiert. Ich habe festgestellt, dass man dann Geld verdient, wenn man 75 bis 80 Prozent der Zeit mit dem Strom schwimmt. Schließlich sind die Massen die treibende Kraft hinter Bullen- und Bärenmärkten. Sich die meiste Zeit über gegen sie zu stellen, wäre ebenso vermessen, wie nach Vegas zu fahren und die Bank sprengen zu wollen! Anders formuliert stehen die Chancen für die breite Masse die meiste Zeit über günstig, und sei es nur wegen ihrer Kauf- und Verkaufskraft. Wie Baruch schon sagte, bekommt man langfristig nichts geschenkt. Die Fähigkeit, vom Zug abzuspringen – wenn auch etwas zu früh –, ist entscheidend, um Kapital in die nächste Hausse hinüberzuretten. Das Gleiche gilt für den Einstiegspunkt in Zeiten von überbordendem Pessimismus.

Wie das geht? Das hat niemand so prägnant formuliert wie Livermore. „Ein Investor muss sich vor vielen Dingen schützen – vor allem aber vor sich selbst.“ Das Geheimnis, wie man auf einen Massentrend auf- und wieder abspringt, liegt in der psychologischen Distanz vom Geschehen. Man muss Hoffnung haben, wenn die Angst um sich greift, und Angst verspüren, wenn der Optimismus grassiert. Das setzt meiner Ansicht nach eine gründliche Analyse der eigenen Persönlichkeit voraus. Werfen Sie einen ehrlichen Blick auf Ihre Schwächen, darauf, wie Sie unter Druck reagieren, ob Sie optimistisch oder pessimistisch veranlagt sind, ob Sie risikofreudig oder eher konservativ sind, und dergleichen mehr. Halten Sie Ihre Erkenntnisse schriftlich fest und versuchen Sie, sie zu früheren Markttrends in Beziehung zu setzen. Legen Sie sich auf die Couch eines Anlegerpsychiaters und versuchen Sie, sich im Kontext der Investmentwelt zu analysieren. Die gewonnenen Erkenntnisse und Baruchs Analyse der menschlichen Natur sollten Ihnen helfen, den Trend lange genug zu reiten und schließlich rechtzeitig abzuspringen.

Abschließend gilt, um wieder mit Baruch zu sprechen: „Verkaufen Sie an dem Punkt, an dem Sie nicht mehr gut schlafen.“ Wenn Ihnen die Sorge um Ihre Anlagen nachts den Schlaf raubt, dann sind Sie entweder zu hoch investiert oder Sie haben zuviel riskiert. Angemessen ist Ihr Anlageportfolio dann, wenn Sie gut schlafen können und nicht mit der bangen Frage wach liegen, wie die Märkte wohl am Morgen eröffnen werden.

Jim Hackett

President und CEO, Anadarko Petroleum Corporation

Der beste „Rat" zum Thema Geldanlage, den ich je bekommen habe, entstammt einer persönlichen Erfahrung im Alter von 23 Jahren. Damals hatte ich noch kaum Ahnung vom Investieren. Im Sommer 1978 – ich hatte gerade das erste meiner beiden Jahre an der Harvard Business School hinter mir – befasste ich mich im Auftrag eines Kunden mit der Kabel- und der jungen Satelliten-TV-Industrie. Nach langwierigem Research entschied sich der Kunde gegen ein Engagement in diesem Wachstumssektor. Stattdessen investierte ich selbst in den Titel, den ich für besonders aussichtsreich hielt. Es war die Aktie von Viacom. Ich steckte meine eigenen Ersparnisse und die meiner Frau in diese Position und hatte zwei Jahre später kaum etwas daran verdient. Da musste ich die Aktie verkaufen, um unser erstes Eigenheim zu finanzieren. Kurz darauf schoss sie in die Höhe. Was ich daraus lernte? Investieren Sie nie in eine Aktie – so viel Sie auch darüber zu wissen glauben –, wenn Sie es sich nicht leisten können, den

Titel lange zu halten und/oder das Geld zu verlieren. Die Portfoliotheorie ist für den durchschnittlichen Anleger viel sinnvoller – ganz so, „wie es im Buche steht“.

Das gilt aber auch für die Investitionen von Unternehmen in Anlageprojekte. Wenn möglich, sollte man einzelne Investitionen vermeiden, die die Zukunft des Unternehmens aufs Spiel setzen, wenn es zu einem Konjunktureinbruch kommt oder das Projekt scheitert. Zwar hängen Risiko und Ertrag in unserer modernen Welt eng zusammen, doch gilt es, mit Risiken umsichtig umzugehen. Wie sich die Welt in den 27 Jahren seit meinem ersten Ausflug in die Investmentwelt verändert hat, ist das Risikomanagement sogar eine noch wichtigere Voraussetzung für den Erfolg geworden – vor allem angesichts des raschen Wandels bei Technologien, Prozessen, Einstellungen und Informationen.

Wenn es um Investitionsentscheidungen geht, sollten für die Schlüsselelemente einer jeden Investition die Bewertungen der erwarteten Ergebnisse auf zwei Standardabweichungen nach oben und unten (oder 90 Prozent Konfidenzniveau) von den besten kaufmännischen und technischen Köpfen des Unternehmens vorliegen. In diesen Elementen sollten fünf bis sieben für den Erfolg oder Misserfolg des Projekts entscheidende Faktoren berücksichtigt werden. Das klassische Risikomanagement ermittelt dann durch Wahrscheinlichkeitsrechnung die mittleren Ergebnisse und verfolgt alle für diese Schätzungen relevanten Entscheidungen. Nachträgliche Prüfungen führen dann zu Diskussionen, professionellen Debatten und Verbesserungen der Konzeption und der Methodik. Ergänzt man dieses Verfahren um die unablässige Konzentration auf die Investition in eine statistisch vorteilhafte Zahl von Einzelprojekten (oder eben Aktien), dann ergibt sich daraus der magische

Prozess, der es erfolgreichen Unternehmen ermöglicht, bei Einzelprojekten höhere Risiken einzugehen und dabei kontraintuitiv das Unternehmensrisiko zu senken.

Geschäftlicher Erfolg ist in den meisten Fällen dem Einsatz des besten intellektuellen Kapitals im Rahmen eines disziplinierten Risikomanagementmodells zu verdanken, wie der oben beschriebene Prozess verdeutlicht. Ich würde dieser Gleichung aber noch ein Element hinzufügen: Das Investitionsobjekt muss in Bezug auf das Ergebnis des Investitionserfolgs für andere nützlich sein.

Der beste Investmentrat schlechthin ist, in solche Projekte zu investieren, die wirklich dem Wohle anderer dienen (Mitarbeitern, Investoren, Kunden, Gemeinschaften). Auf diese Weise können Sie sich am Ende der Überheblichkeit und den Emotionen entziehen, spektakuläre Fehlschläge vermeiden und die Chancen auf intelligenten, unprätentiösen Erfolg erhöhen.

Frank Holmes

CEO und Chief Investment Officer, U.S. Global Investors, Inc.

Ich bin 1978 ins Investmentgeschäft eingestiegen. Mein Mentor in Toronto war ein Schüler von Warren Buffett, der mir dessen Denkweise nahebrachte. Und ich lernte von Buffett, was Buffett von Benjamin Graham gelernt hat. Auf der Grundlage von Grahams Lehren schuf er ein eigenes Modell, nach dem er auch höhere Kurs-Gewinn-Verhältnisse in Kauf nahm, wenn die Einstiegsbarrieren entsprechend hoch waren.

Ich begann als Research-Analyst und befasste mich später mit Unternehmensfinanzierung. Danach kaufte ich eine Investmentfondsgesellschaft und verwaltete mein eigenes Kapital. Schließlich wurde ich Chief Investment Officer. Durch meinen beruflichen Werdegang hat mich ein Ausspruch von Vince Lombardi* begleitet. Er sagte, das perfekte Spiel sei gar nicht möglich, weil man die Schiedsrichter und das Wetter nicht

* Vince Lombardi (1913–1970) war einer der erfolgreichsten Trainer in der Geschichte des American Football.

kontrollieren könne. Ein perfektes Training, so meinte er, sei dagegen sehr wohl möglich. Lombardi belegte Spieler mit Geldbußen, wenn sie sich zum Training verspäteten, denn das Training war der wichtigste Faktor, den er unter Kontrolle hatte. Beim Investieren ist es ganz ähnlich – auch dort geht es beständig um Disziplin.

Erfolgreiche Investmentmanager denken wettbewerbsorientiert – genau wie Sportler. Manche machen ihren CFA-Abschluss [Chartered Financial Analyst, amtlich geprüfter Finanzanalyst; Anm. d. Übers.], um anschließend Kapital zu verwalten, sind jedoch in Wirklichkeit nur wichtigtuerische Bürokraten. Sie kennen sich zwar fachlich aus, haben aber keinen Kampfgeist. Ihnen fehlt das gewisse Etwas, der Siegerinstinkt, der andere ganz nach oben treibt. Warren Buffett spielt Bridge und Bill Gates hat einmal seine eigene Olympiade veranstaltet. Diese Männer haben Wettkampfgeist. Büchern und Gesprächen mit erfolgreichen Investmentmanagern habe ich entnommen, dass diese ausnahmslos ausgeprägtes Wettbewerbsdenken an den Tag legen. Und diese Gemeinsamkeit bildete die Verknüpfung zum erwähnten Lombardi-Zitat. Ich merkte, dass ich mich auf meine Vorgehensweise konzentrieren musste und auf den disziplinierten Umgang mit allen Aspekten, die ich kontrollieren konnte, weil der Markt so unberechenbar war.

Ein weiterer unschätzbarer Ratschlag stammt von Warren Buffetts Partner Charlie Munger. Er meinte, dass man in einer Matrix arbeiten und denken müsse. Man braucht grundlegendes und implizites Wissen, man muss Menschen kennen und man muss diese verschiedenen Komponenten nehmen und zu einem kohärenten Ganzen verschmelzen. Schauen Sie sich einmal an, wie Ameisen Informationen austauschen, und übertragen Sie das auf die Märkte. Schauen Sie sich an, wie Bienen

Kolonien bilden, und vergleichen Sie das mit den Vorgängen auf dem Markt. Ein Diamant im Brillantschliff hat 56 Facetten. Es gilt also, die Dinge aus vielen verschiedenen Blickwinkeln zu betrachten. Es gibt eine berühmte Schule, das St. John's College, deren Schüler vier Jahre lang nichts anderes studieren als Aristoteles und andere Klassiker der westlichen Zivilisation. Bewerten Sie verschiedene Modelle aus aristotelischer und aus kartesischer Perspektive. Bedienen Sie sich unterschiedlicher Denkprozesse, um Ereignisse zu prüfen, zu überdenken und darauf zu reagieren.

Betrachten Sie an einem bestimmten Tag der Woche ausschließlich makroökonomische Themen – die entscheidenden Triebfedern der globalen Wirtschaft. Vergessen Sie Aktienstories. Denken Sie an die Sektoren des S&P, die in zehn verschiedene Komponenten unterteilt sind, und fragen Sie sich, wodurch diese beeinflusst werden. Bringen Sie sie in eine Rangordnung. Aktualisieren Sie diese Informationen wöchentlich für die betreffende Woche, den Monat und das Quartal und fragen Sie sich: „Warum? Gibt es eine Veränderung an der Führung? Ist sie von Dauer? Welche Faktoren sind aus historischer Sicht von Bedeutung?" An den übrigen vier Tagen können Sie sich auf Aktien konzentrieren und eine Disziplin entwickeln, nach der Sie nur Aktien mit niedrigem KGV oder hohen Dividenden kaufen. Finden Sie Ihren persönlichen Wohlfühlbereich und entwickeln Sie ein Modell, nach dem Sie Aktien nach fünf Kriterien sichten. Auf diese Weise bleiben Sie konzentriert und kritisch. Zeitmanagement ist von entscheidender Bedeutung und gehört zu den Schwachstellen vieler Investmentmanager. Indem man das Verfahren von makro auf mikro, von Top-down und von Bottom-up herunterbricht, kann man Research-Zeit effektiver zuteilen. Dann kommt noch der Integrationsprozess, um möglichst vielversprechende Aktien in unterbewerteten Sektoren und wachstumsintensiven Ländern ausfindig zu machen.

Ein weiterer wichtiger Faktor ist die Anerkennung des Gesetzes von der Rückkehr zum Mittelwert. Irgendwann zeigt alles diese Tendenz. Märkte über- und unterschreiten ihren Durchschnitt. Den richtigen Zeitpunkt zum Ein- oder Ausstieg zu ermitteln, ist daher Zeitverschwendung. Erkennen Sie den Wert der Diversifizierung und des Ausbalancierens und versuchen Sie, die Rückkehr zum Mittelwert zu erwischen. Richten Sie sich nach der Asset-Allokations-Theorie von Roger Gibson. Wenn Ihr Portfolio zu 25 Prozent aus Anleihen, zu 25 Prozent aus internationalen Titeln, zu 25 Prozent aus inländischen Werten und zu 25 Prozent aus Rohstoffen besteht, müssen Sie es nur noch einmal im Jahr austarieren. Setzen Sie sich dafür einen Termin und halten Sie sich daran. Kommt der entsprechende Tag, bewerten Sie Ihr Nettovermögen und prüfen Sie, ob Sie Ihren Zielen näher kommen.

Von 1997 bis 1999 waren Rohstoffe der schwächste Sektor. Weil der US-Dollar stark war und alle Rohstoffe in Dollar notieren, sackten die Rohstoffpreise ab. Währenddessen erlebten Technologie- und Mediensektor einen Boom. Nach der 25-Prozent-Regel hätte man die erfolgreichsten Tech-Fonds abstoßen und rohstoffabhängige Titel billig einkaufen müssen. Von 2000 bis 2004 hätte man durch die Rohstoffposition sämtliche mit Tech-Fonds eingefahrenen Verluste wettgemacht und per Saldo langfristig positiv abgeschnitten. Doch die wenigsten sind so vorgegangen und haben daher von 1999 an mit ihrem Aktienportfolios unter dem Strich Geld verloren.

Susan Ivey

CEO und President, ReynoldsAmerican Inc.

Die wichtigste Determinante für den Erfolg Ihrer Anlagestrategie ist, dass Sie Ihr persönliches Risikoprofil ebenso gut kennen wie Ihre langfristigen Anforderungen und Ziele. Sicher ist es toll, mit einer extrem spekulativen Anlage spektakuläre Gewinne zu erzielen, doch im Ernstfall müssen Sie dafür eben Verluste in gleicher Höhe in Kauf nehmen.

Unter Umständen lohnt sich auch die Eröffnung eines Treuhandkontos, um das Familienvermögen zu schützen, damit dann die Kinder die Steuern zahlen können! Aber die haben das Geld ja schließlich nicht selbst verdient.

Ein breit gestreutes Portfolio von Old-Economy-Aktien und Anleihen kann ohne größere Risiken solide Erträge bringen, die die Inflation übersteigen.

Wenden Sie sich ruhig an Fachleute, doch achten Sie dabei genau auf die Gebührenstruktur und die Pläne zur Wiederanlage von Dividenden und bedienen Sie sich solcher Anlageinstrumente, die Ihren Kapitalbedarf im Alter berücksichtigen.

Fangen Sie zeitig an zu sparen und schließen Sie noch vor Ihrem 40. Geburtstag einen staatlich geförderten Vertrag zur Altersvorsorge ab und/oder befassen Sie sich näher mit dem Thema Betriebsrente – nicht erst, wenn Sie schon Mitte 40 sind. Dann ist es zu spät, Ihren persönlichen Sparplan noch anzupassen.

Mike Jackson

Chairman und CEO, AutoNation

Sagen Sie ruhig, dass ich Sie langweile. Das macht mir nichts aus. Bei der Geldanlage lohnt sich diese Langweiligkeit nämlich.

Dass kommt daher, weil intelligentes Investieren selten clever ist und cleveres Investieren selten intelligent. Wenn ich nach einer Anlagemöglichkeit suche, dann nicht, um einen anderen auszustechen oder irgendeine obskure Methode der Technischen Analyse einzusetzen. Sicher, andere machen das. Für sie ist das Investmentgeschäft ein intellektueller Schlagabtausch. Ich lege mein Geld aber aus anderen Gründen an.

Ich investiere, weil ich einen vernünftigen Ertrag erwirtschaften möchte. Und zu diesem Zweck halte ich mich ans Wesentliche. Ich will die Aktien eines Unternehmens lange halten. Deshalb möchte ich das jeweilige Geschäftsmodell verstehen. Wenn ich nicht in ein oder zwei Minuten durchschauen kann, womit ein Unternehmen sein Geld verdient, dann interessiert es mich nicht.

Cashflow und Gewinn müssen in Einklang stehen. Der Aktienkurs muss der Leistung entsprechen. Und das Unternehmen sollte durch Nutzung sämtlicher Konkurrenzvorteile auf anhaltenden Erfolg ausgerichtet sein.

Das sind – das gebe ich offen zu – sicherlich nicht die „Geheimnisse, wie man Millionen macht", die um zwei Uhr nachts im Kabelfernsehen propagiert werden. Meine Philosophie ist weder besonders sexy noch streng geheim oder sonst irgendwie einzigartig. Doch sie funktioniert. Der Grund dafür: Sie konzentriert sich strikt auf die Ermittlung von Unternehmen, die sich der Wertschöpfung verschrieben haben.

Das ist jedoch häufig leichter gesagt als getan, denn die Versuchung, spekulativer zu agieren, höhere Risiken einzugehen, zu hoffen ohne handfeste Hinweise darauf, dass der nächste oder übernächste Trade den ganz großen Gewinn bringt, ist immer da. Und dieser Versuchung zu widerstehen gehört zu den allerschwierigsten Übungen im Umgang mit Geld.

Dass es mir gelungen ist, ist in hohem Maße den Menschen zu verdanken, die mir beigebracht haben, wie aufregend es sein kann, langweilig zu sein. Manchmal lernt man aus dem Lehrstoff weniger als vom Lehrer – und ich hatte das Glück, von einigen der klügsten, kenntnisreichsten Persönlichkeiten über Geschäft, Geldanlage und Wert lernen zu dürfen, die je eine Bilanz gelesen haben. Menschen wie Wayne Huizenga, der einen Großteil seines Vermögens in der unbestritten wenig glamourösen Branche der Abfallentsorgung erwarb. Oder dem Einzelhandelsspezialisten Edward Lampert, Chairman von ESL. Und nicht zu vergessen Dieter Zetsche, Manager bei DaimlerChrysler, der mir als Erster zeigte, wie man mit der Präzision des Ingenieurs an die Analyse eines Unternehmens herangeht. Nach ihren Prinzipien richte ich mich. Es sind die gleichen Prinzipien, nach denen sich erfolgreiche Investoren richten, seit es Börsen und Bilanzen gibt.

Gary Kaminsky

Managing Director, Neuberger Berman Private Asset Management

Die beiden wichtigsten Dinge, auf die wir uns jeden Tag zu konzentrieren versuchen, sind die Macht des Zinseszinseffektes und das Prinzip, Gewinner zu halten und Verlierer zu verkaufen.

Erstens sollte jedem Investor klar sein, dass die oft zitierte langfristige Kurssteigerung von Aktien in Höhe von zehn Prozent sich zur einen Hälfte aus Kapitalwachstum ergibt und zur anderen aus Kapitalerträgen in Form wiederangelegter Dividenden und Ausschüttungen. Wir interessieren uns vor allem für Engagements in wachsende Unternehmen, deren Philosophie es ist, ihren Aktionären stetige und steigende Ausschüttungen zu bescheren. Am schönsten wurde der Zinseszinseffekt meiner Ansicht nach von Tommy erklärt, einem meiner drei Söhne. „Wenn du entweder 30 Tage lang je 1.000 Dollar am Tag haben könntest oder 0,01 Dollar pro Tag, die sich jeden Tag verdoppeln, wofür würdest du dich entscheiden? Für den einen Penny natürlich. Aus den 1.000 Dollar werden 30.000, während aus dem Penny über den gleichen Zeitraum 5.000.000 Dollar werden!“

Zweitens sind wir Menschen so beschaffen, dass wir Anlagen, die gut gelaufen sind, verkaufen (weil wir uns in der Richtigkeit unserer Entscheidung bestätigt fühlen), während wir Anlagen, die an Wert verloren haben, halten oder zukaufen, um den Durchschnittskurs zu senken. Die wichtigste Lektion, die es zu lernen gilt, ist, die Anlagen zu halten, die man korrekt beurteilt hat und deren zugrunde liegende Unternehmen weiterwachsen und richtig gemanagt werden, und diejenigen zu verkaufen, die sich nicht wunschgemäß entwickelt haben. Das mag psychologisch schwieriger sein, trägt jedoch zum Erhalt und zur Vergrößerung Ihres Vermögens bei!

Bruce Karatz

Chairman und CEO, KB Home

Ironischerweise bezieht sich der beste Anlagerat, den ich je bekommen habe, auf das eigene Haus. Ich erinnere mich an ein Gespräch, das ich mit meinem Großvater führte, der mein Mentor war, nachdem ich mein Jurastudium abgeschlossen hatte. Er erzählte mir, dass der Erwerb eines Eigenheims die wichtigste Einzelinvestition sei, die eine Person oder Familie tätigen kann.

„Wenn du es dir leisten kannst, dann kauf dir was Eigenes", sagte er. Miete, so fuhr er fort, sei ein unberechenbarer Faktor, der außer Kontrolle geraten könne. Eine Hypothek sei dagegen fest vereinbart, und selbst wenn der Wert mit der Inflationsrate stiege, käme am Ende immer noch ein hübscher Ertrag dabei heraus.

Ein paar Jahre später arbeitete ich in der Wohnungsbaubranche und entwickelte bald eine Leidenschaft dafür, anderen den amerikanischen Traum zu verwirklichen. Auch nach über 30 Jahren Tätigkeit in diesem Geschäft gebe ich heute Kunden und jungen Familien noch denselben Rat.

Als Branchenführer weiß ich um die Verantwortung, bedürftigen Familien diesbezügliche Investitionsmöglichkeiten zur Verfügung zu stellen. Ich weiß auch, dass es sich dabei um eine einzigartige Anlageform handelt – insofern, als die Menschen darin leben und sie genießen. Wenn unsere Wirtschaft und der Arbeitsmarkt mit dem Anstieg der Bevölkerungszahlen und der Einwanderung weiter wachsen, dann werden auch der Bedarf an Wohnraum, das Missverhältnis zwischen Angebot und Nachfrage und die Wertsteigerung von Wohnimmobilien im Allgemeinen kontinuierlich zunehmen.

Doug Kass

Gründer und President, Seabreeze Partners Management

Mit der Investmentwelt kam ich erstmals durch meine Großmutter in Berührung. Grandma Koufax war ein Original. Sie hatte ein eigenes Geschäft, als Unternehmerinnen noch die große Ausnahme waren. Sie konnte Aktiencharts lesen und war als Investorin recht erfolgreich. Als ich Teenager war, hatte sie mir schon beigebarcht, wie man Aktien beobachtet. In einem Heft führte ich Buch über meine imaginären Anlagen. Die Börse faszinierte mich so, dass ich meine Schulferien in einem Maklerbüro auf Long Island verbrachte, wo ich den Ticker verfolgte, statt mich mit Freunden zu treffen. Meinen ersten echten Trade gab ich in Auftrag, als ich an der Wharton School meinen MBA machte. Ich kaufte ein paar Aktien von Teledyne – die sich beinah verzehnfachten. Danach widmete ich mich nur noch dem Aktienmarkt.

In den vergangenen 30 Jahren in diesem Geschäft habe ich einiges über die menschliche Natur gelernt und über ihre Wirkung auf Investitionsentscheidungen. Stolz, Ungeduld, Ignoranz,

Kurz- und Weitsicht können gleichermaßen zu schlechten Anlageentscheidungen führen. Wichtig ist, beim Aufbau des eigenen Portfolios abweichende Ansichten zu verfolgen, um den eigenen Ertrag von dem der Mehrheit der Investoren abzuheben. Wall-Street-Research basiert in der Regel immer noch auf Gruppenmentalität. Unkonventionelles Denken steigert daher Ihre Chancen auf Anlageerfolg. Ferner müssen Sie lernen, Ihre Gefühle zu beherrschen. Um langfristig Gewinn zu machen, sollten Sie einen langen Atem entwickeln. Hüten Sie sich vor übereilten, von der Angst diktierten Entscheidungen. Vertrauen Sie auf Ihr Urteilsvermögen und lassen Sie sich auf keinen Fall beirren. Achten Sie auf Ereignisse und Trends von globaler Bedeutung. Überlegen Sie sich dann, wie sich diese auf den Aktienmarkt auswirken und wie Sie daraus Kapital schlagen könnten. Und das Allerwichtigste: Was alle anderen tun, sollten Sie schön bleiben lassen. Je überzeugter die Masse ist, desto wahrscheinlicher liegt sie falsch. Wenn nämlich alle recht hätten, würde nichts dabei herausspringen.

Robert Kiyosaki

Investor und Autor des internationalen Bestsellers „Rich Dad, Poor Dad. Was die Reichen ihren Kindern über Geld beibringen“

Als ich neun Jahre alt war, erzog mich mein reicher Vater zum Investor, indem er mit mir Monopoly spielte – oft stundenlang.

Wenn ich zum Abendessen nach Hause ging, holte ich unser Monopolyspiel hervor und wollte weiterspielen. Mein richtiger Vater, ein Lehrer, sagte dann: „Pack das dumme Spiel weg und mach lieber deine Hausaufgaben. Wenn du deine Hausaufgaben nicht machst, wirst du schlechte Noten kriegen und keinen guten Job mit anständigen Sozialleistungen finden.“

Ein paar Tage später war ich wieder bei meinem reichen Vater im Büro. Er packte das Monopolybrett aus und wollte spielen. Als Kind verwirrte es mich, dass mein einer Vater, mein echter, Monopoly für ein dummes Spiel und für Zeitverschwendung hielt, während mein reicher Vater, der in Wirklichkeit der Vater meines besten Freundes war, Monopoly als wichtiges Spiel für meine finanzwirtschaftliche Ausbildung betrachtete.

Schließlich fragte ich meinen reichen Vater, wieso wir so oft Monopoly spielten. Lächelnd setzte er seinen Sohn und mich ins Auto und fuhr mit uns zu einem Areal, auf dem etwa 30 Wohnhäuser standen. Er stieg aus und meinte: „Es ist etwa zehn Jahre her, dass ich dieses Land für einen Apfel und ein Ei erworben habe. Jedes Jahr baue ich drei oder vier Häuser darauf und vermiete sie."

„Und was hat das mit Monopoly zu tun?", wollte ich wissen. Mein reicher Vater lachte, als er merkte, dass ich keinen Zusammenhang erkennen konnte zwischen dem Land, auf dem wir da standen, und dem Monopolyspiel. Lächelnd drehte er sich zu mir und meinte: „Das Spiel enthält die Formel für großen Reichtum. Weißt du, wie sie lautet?" Noch immer verwirrt sagte ich schüchtern: „Nein. Wie lautet denn die Formel für großen Reichtum?" Mein reicher Vater lachte herzlich und meinte: „Vier grüne Häuser werden zu einem roten Hotel. Das ist die Formel für großen Reichtum."

Ich begriff noch immer nicht und war den Tränen nahe, weil ich mir so dumm vorkam. Ich stand dort, sah die Häuser und erkannte nicht, worauf er hinauswollte.

Da flüsterte mir sein Sohn Mike, mein bester Freund, mit leiser Stimme zu: „Diese Häuser sind wie die grünen Häuser. Was mein Vater dir sagen will ist, dass er eines Tages ein großes rotes Hotel besitzen wird."

Und da begriff ich, was das Monopolyspiel mit dem Leben meines reichen Vaters zu tun hatte. Mit einem Schlag erkannte ich, dass mein armer Vater Monopoly für ein Kinderspiel hielt … während mein reicher Vater im wirklichen Leben Monopoly spielte.

Zehn Jahre später, mit 19, studierte ich in New York und fuhr über die Weihnachtsferien zu Besuch in das große rote Hotel meines reichen Vaters (das in Wirklichkeit gar nicht rot war).

Es lag direkt am Waikiki Beach. Innerhalb von zehn Jahren hatte ich beobachten können, wie sich mein reicher Vater vom obskuren kleinen Geschäftsmann zum wichtigen Akteur in der hawaiianischen Tourismusbranche gemausert hatte. Im richtigen Leben Monopoly zu spielen, hatte aus ihm einen sehr, sehr reichen Mann gemacht.

Meine Frau Kim und ich spielen im wirklichen Leben ebenfalls Monopoly, aber nicht in Hawaii, sondern in Phoenix, Arizona, dem wachstumsintensivsten Bundesstaat der USA. Nach den Monopoly-Regeln begannen wir klein – mit grünen Häusern – und kaufen heute große rote Gebäude an der teuersten Straße von Phoenix, der Camelback Road, gleich neben dem Ritz-Carlton Hotel, den Biltmore Fashion Park (ein nobles Einkaufszentrum) und den örtlichen Niederlassungen der meisten Finanzinstitutionen.

Mein Investmentrat bezieht sich aber nicht auf Immobilien oder Monopoly. Der beste Investmentrat, den ich je bekommen habe, war die Empfehlung meines reichen Vaters, mir eine Formel zurechtzulegen, einen Investmentplan, und diesem zu folgen. Immobilien sind nicht für jeden das Richtige … und nicht jeder spielt gern Monopoly. Doch einen Plan braucht jeder, der ein erfolgreicher Investor werden will.

Was meinem reichen Vater an der Formel „vier grüne Häuser und ein rotes Hotel“ besonders gut gefiel, war, dass dieser Plan klein anfing und dann immer größer wurde. Er pflegte zu sagen: „Jeder Plan sollte eine Übungsphase beinhalten. Die vier grünen Häuser waren mein Training, das mir Gelegenheit gab, kleine Fehler zu machen und daraus zu lernen. Das rote Hotel war mein großer Traum … und jeder Plan sollte einen großen Traum verfolgen.“ Diese Lektion rundete er ab mit den Worten: „Fang klein an und habe große Träume.“ Danach lebte mein reicher Vater und einen besseren Investmentrat habe ich nie bekommen.

Lawrence Kudlow

CEO, Kudlow & Company; Moderator der Sendung „Kudlow & Company" auf CNBC

Ich kam von der US-Notenbank an die Wall Street. Dort war ich viele Jahre lang Partner bei Bear Stearns und trug am Ende die gesamte strategische Verantwortung für das Unternehmen. Der namhafte Investor und langjährige CEO der Firma Ace Greenberg hat einmal zu mir gesagt, dass man verkaufen sollte, wenn eine Aktie fünf Tage in Folge fällt. Hüten Sie sich vor Emotionen und gefühlsmäßigen Bindungen. Versuchen Sie nie, klüger zu sein als der Markt. Wenn eine Aktie fünf Tage am Stück verliert, verkaufen Sie sie.

Ich habe mich an diesen Rat gehalten. Ich bin zwar nicht mit der Auswahl oder dem Kauf von Einzeltiteln befasst, doch habe ich diesen Rat auch in Bezug auf Makro-Strategien beherzigt. Fällt der Markt fünf oder mehr Tage nacheinander, so ist das ein Alarmsignal. Meine Aufgabe als Stratege ist, das zugrunde liegende Problem zu erkennen. Der Markt hat immer recht. Er ist, wie er ist. Und er ist klüger als wir alle zusammen.

In die Kurse am US-Markt als einzigem wahrhaft globalem Aktienmarkt fließen die Informationen von Millionen von Käufern und Verkäufern aus aller Welt ein. Wenn ich Ökonomen oder Strategen sagen höre, dass der Markt falschliegt, denke ich sofort: „Nein, ihr liegt falsch.“ Ich glaube an die geballte Weisheit der Marktkurse – das Wissen all der Menschen, die kaufen und verkaufen. Das ist das Besondere an einem Kurs: die immense Fülle an Informationen, die er enthält.

Ich glaube nicht, dass sich jeder selbst mit der Auswahl von Aktien befassen sollte. Den meisten Menschen fehlt im Alltag die Zeit für das notwendige Research. Folglich bleiben zwei Optionen.

Zum einen können Sie sich überlegen, Ihr Geld einem Fachmann anzuvertrauen – einem Fondsmanager oder einem Finanzberater, der eine gute Erfolgsbilanz über mindestens fünf Jahre vorweisen kann. Zum anderen können Sie sich mithilfe eines Finanzberaters für sogenannte Exchange Traded Funds (ETF) interessieren. Sie waren in den vergangenen Jahren die Produkte mit der besten relativen Wertentwicklung auf dem Markt. Sie sind billig und in Bezug auf die Besteuerung von Kapitalerträgen und Dividenden leichter zu handhaben. Über einen solchen Exchange Traded Fund kaufen Sie sich in einen Aktienkorb ein, der 50 oder sogar 100 Aktien enthalten kann und so für Diversifizierung sorgt. ETFs sind für den versierten Investor ebenso geeignet wie für die weniger bewanderte Masse der Anleger. Mich spricht das Konzept des Wilshire 5000 besonders an, der Ihnen im Grunde Anteile an allen umsatzstarken Aktien verschafft. Im Prinzip setzen Sie damit gleichzeitig auf globale Unternehmen und auf die amerikanische Wirtschaft, da amerikanische Unternehmen im Ausland tätig sind.

Das Diversifizierungskonzept ist entscheidend für den Anlageerfolg, da Sie sich beim Kauf dieser umfassenden, breiten Indizes keine Gedanken um über- oder unterdurchschnittliche Wertentwicklung machen müssen. Ganz ehrlich, Sie müssen die Anlage einfach nur für alle Zeiten halten. Ich bin kein Trader und ich glaube nicht daran, dass man versuchen sollte, den richtigen Zeitpunkt zum Ein- oder Ausstieg zu erraten oder kurzfristige Schwankungen vorherzusagen. Indem Sie Ihre Anlagen halten, setzen Sie auf die langfristige Leistungsfähigkeit der amerikanischen Wirtschaft und auf unsere freie kapitalistische Marktwirtschaft.

Obwohl wir ab und zu auch mal schmerzhafte Verluste erlitten, hat sich die Wette auf den amerikanischen Wohlstand über die Jahre langfristig ausgezahlt – auch während der schlimmsten Einbrüche 2002, in den 1970er-Jahren und sogar während der „Großen Depression". Historiker haben nachgewiesen, dass sehr reich geworden wäre, wer gekauft und gehalten hätte. Ihr Makler wird Ihnen vielleicht zu Aktivitäten raten, um seinen Umsatz zu steigern, und Ihr Finanzberater wird Ihnen diverse Umschichtungen empfehlen. Hören Sie nicht darauf. Wenn Sie solide Werte kaufen, erwerben Sie damit einen Anteil an unserer Freiheit, unserem System, unserem Way of Life, davon haben Sie mehr als von jeder anderen Investition, die die Welt zu bieten hat.

A. G. Lafley

Chairman, President und CEO, The Procter & Gamble Company

Ich glaube fest an Einfachheit, Transparenz und Fundamentaldaten. Mein Rat an alle Anleger lautet, Unternehmen auszuwählen, die leicht zu verstehen und auf langfristiges Wachstum und Marktführerschaft ausgerichtet sind. Stellen Sie sich vor jeder Anlageentscheidung ein paar grundlegende Fragen:

Ist das Geschäftsmodell oder die Strategie des Unternehmens mit einem Satz erklärbar? Hat das Unternehmen klare Ziele und Strategien, die sich nicht jedes Jahr ändern? Demonstriert es Verbraucher- und Kundennähe? Verfügt es über langfristige Beziehungen mit den führenden Zuliefer- und Distributionsunternehmen der Branche? Kann es Erfolge bei Angabe des Innovationstempos, bei Exzellenz in der Ausführung, beim Management von Mitteln und Kosten für langfristiges Wachstums und bei der Einhaltung der Versprechen, die es seinen Anlegern gibt, aufweisen? Strebt es langfristig führende Positionen an?

Das sind einfache Fragen, doch es gibt nie genügend Unternehmen, die all dies über längere Zeit gut können. Wenn Sie sich auf diese Grundlagen konzentrieren, finden Sie Unternehmen, die Sie zur Investition Ihres Anlagekapitals in Betracht ziehen sollten.

Alexandra Lebenthal

President, Lebenthal & Co

Bei uns zu Hause kursierten ständig Investmenttipps – sie waren Bestandteil der Tischgespräche und des Alltagslebens. Meine Familie sorgte dafür, dass ich mich mit Finanzinformationen und Finanzprodukten auskannte. Mein Vater hat es im Laufe der Jahre meisterhaft gelernt, in einfachen Worten auf den Punkt zu bringen, worum es beim Investieren geht, und das auch anderen zu vermitteln. Das habe ich wohl von ihm geerbt. Schon meine Großmutter legte großen Wert darauf, dass sich die Anleger nicht blind auf unsere Empfehlungen verließen. Sie wollte, dass sie sich selbst eine fundierte Meinung bildeten.

Wenn ein Kunde sagte: „Na, wenn Sie meinen, dass das richtig ist, dann gebe ich Ihnen eben grünes Licht", antwortete meine Großmutter: „Nein, nein, Sie sollen schon selbst begreifen, worum es geht. Ich will, dass Sie selbst nachrechnen." Und die Leute mussten sich Stift und Papier holen und bekamen erklärt, wie ihre Finanzen funktionierten. Meine Großmutter sagte oft Dinge wie: „Lebe nie über deine Verhältnisse", wonach ich mich nach Kräften (aber nicht immer mit Erfolg) gerichtet und was ich auch anderen so weitergegeben habe. So sollten Sie zum Beispiel keine Kreditkartenschulden machen. Durch solche Verbindlichkeiten verspielen Sie die Chance, Ihr Geld zu investieren. Außerdem sorgte meine Großmutter dafür, dass wir wussten, wie man korrekt einen Scheck ausstellt. Noch heute unterschreibe ich keinen Scheck ohne den Vermerk „nur zur Verrechnung".

Über manche Segmente des Marktes wie Investmentfonds und Aktien wird soviel gesprochen und geschrieben, dass andere Bereiche wie etwa der Rentenmarkt direkt geheimnisvoll wirken. Die Menschen investieren dort weniger, weil sie nicht wissen, woher sie die nötigen Informationen nehmen sollen. Ich weiß lange nicht so viel wie mein Arzt und das erwartet ja auch niemand ernsthaft. Er muss mir bestimmte Dinge erklären. Das Gleiche gilt für die Geldanlage. Die Leute meinen, sie müssten alles wissen, und scheuen sich, Fragen zu stellen. In Wirklichkeit freuen sich die Fachleute im Finanzgeschäft, wenn sie Fragen beantworten dürfen und anderen etwas beibringen können. Das Publikum muss sich mit diesem erzieherischen Aspekt anfreunden. Bekommen Sie es mit jemandem zu tun, der das nicht leisten will, sollten Sie sich einen anderen Experten suchen. Leider haben sich Finanzberater, Makler und Vertriebsleute über die Jahre einen schlechten Ruf erworben, doch in Wirklichkeit sind wir für Menschen, die sich informieren und weiterbilden möchten, die ideale Anlaufstelle. Haben Sie also keine Scheu, sich unserer zu bedienen.

Sobald Sie die nötigen Grundkenntnisse erworben haben, ist die Streuung Ihres Portfolios das A und O. Setzen Sie nie alles auf eine Karte. Die Märkte und die unterschiedlichen Anlagekategorien haben uns immer wieder vorgeführt, dass sich verschiedene Anlagen unterschiedlich entwickeln. Deshalb ist es so wichtig, sich die Zeit dafür zu nehmen, das gesamte Angebot zu durchschauen.

Sie sollten unbedingt auch Positionen in Ihrem Portfolio haben, die nicht das große Geld versprechen. Anleihen bilden den soliden Unterbau für Ihr Portfolio, auf den Sie zählen und mit dem Sie planen können. Nebenbei bringen Sie laufende Erträge, die Sie in anderen Anleihen oder Aktien anlegen können, wenn Sie das Geld nicht benötigen. Ein stetiger Ertragsstrom ist wie ein Geschenk.

Mir liegt viel daran, dass die Menschen das tun, was für sie richtig ist. Sie sollen sich wohlfühlen und das Gefühl bekommen, jemanden an ihrer Seite zu haben, der sie respektiert, der ihnen etwas beibringen möchte, der sie beraten und Teil ihrer finanziellen Aktivitäten sein möchte, und zwar für den Rest ihres Lebens. Allzu häufig denken wir, dass Menschlichkeit im Geldgeschäft keinen Platz hat. Das Gegenteil ist der Fall. Für mich sind diese beiden Dinge untrennbar miteinander verbunden.

Joe Lee

Chairman, Darden Restaurants, Inc.

Zwei Menschen haben mir in frühester Jugend nützliche Ratschläge mit auf den Weg gegeben. Der eine war mein Vater, der andere mein Großvater. Was sie mir zu sagen hatten, ähnelte sich. Mein Vater vermittelte mir, wie wichtig es ist, zeitig und häufig Geld auf die Seite zu legen, was bedeutete, zeitig und häufig zu investieren. Fangen Sie früh an, verfolgen Sie einen Plan und halten Sie sich daran. Mein Großvater riet mir, mich stets genau über jedes Anlageobjekt zu informieren, denn schließlich gäbe es jede Menge Menschen, die einem alles Mögliche andrehen wollten. Meine Aufgabe sei, mich über potenzielle Anlagen schlau zu machen. Man muss seine Hausaufgaben machen und zu keiner Zeit war dieser Rat so wertvoll wie heute.

Im Idealfall müssten unsere Kinder schon an weiterführenden Schulen lernen, wie man mit Geld umgeht. Der Mangel an Kenntnissen darüber, wie Geld funktioniert und wie man Anlagekapital vermehrt, ist erschreckend. Die meisten Menschen müssen das leider wie ich auf die harte Tour lernen – nämlich durch schmerzhafte Verluste.

Fangen Sie so früh wie möglich an zu investieren und investieren Sie Ihrem Lebensabschnitt entsprechend. Manche Menschen sollten sich spekulativer engagieren, andere mehr Wert auf Sicherheit und garantierte Zinsen legen. Stellen Sie fest, in welcher Phase Sie sich befinden, und investieren Sie entsprechend. Orientieren Sie sich langfristig. Den richtigen Zeitpunkt zum Ein- oder Ausstieg abzupassen, sollten nur professionelle Trader versuchen. Dass Sie damit Erfolg haben werden, ist höchst unwahrscheinlich. Zahlreiche Studien belegen, dass selbst die Profis nicht so gut abschneiden wie langfristig orientierte Anleger. Bei der Analyse eines Unternehmens sollten Sie sich fragen: „Wird dieses Unternehmen richtig gemanagt? Liefert es ein Produkt oder eine Dienstleistung, die von den Menschen stark nachgefragt oder dringend benötigt wird? Hat es langfristig einen Markt?"

Entdecken Sie ein gut geführtes Unternehmen, sollten Sie umgehend einsteigen. Und verzetteln Sie sich nicht mit zu vielen Trades. Ein hoher Portfolioumsatz verursacht Kosten, die am Ende Ihren Gewinn dezimieren. Halten Sie Ihre Anlage und informieren Sie sich über die Branche. Sie können nicht davon ausgehen, dass nach einmaligem Engagement alles rund laufen wird. Sie müssen über unerwartete Ereignisse im Unternehmen oder in der Branche Bescheid wissen, die Gründe für einen Verkauf darstellen könnten.

Darüber hinaus müssen Sie Ihr Portfolio angemessen diversifizieren. Und das geht schneller, als Sie denken. Anders formuliert: Sie müssen gar nicht 100 verschiedene Aktien halten, wenn Sie umsichtig vorgehen und in hochwertige Unternehmen einer Branche investieren und ihre Anlagen über verschiedene Branchen streuen. Sie brauchen nicht viel mehr als ein oder zwei Dutzend Titel, um ein breit gestreutes Portfolio aufzubauen. Wer in 100 verschiedene Aktien investiert, der muss zu viele Unternehmen und Branchen verfolgen, über die er sich unmöglich richtig auf dem Laufenden halten kann. Und wenn Sie etwas Wichtiges verpassen, wird es gefährlich.

Steve Leuthold

Gründer und Chairman, Leuthold Weeden Capital Management

Die größte Erleuchtung auf meinem Pfad der Erkenntnis über die Investmentwelt brachten mir meine sechs Jahre als Aktienmakler für Privatkunden. Das war Anfang der 1960er-Jahre, als ich für Paine Webber arbeitete. Damals lernte ich ein paar Dinge, die mir später sehr nützlich sein sollten.

Mit kurzfristigem Trading verdient kaum jemand Geld. Dazu reagieren wir viel zu emotional. Im Anlagegeschäft kommt es darauf an, sich an eine vorher festgelegte Disziplin zu halten. Diese muss man sich aneignen und dann strikt einhalten.

Damals in den 60er-Jahren begann ich, an einem Verfahren zu arbeiten, im Zuge dessen wir eine Reihe unterschiedlicher Indikatoren betrachteten und dann das Nettoergebnis analysierten. Diese Gleichung haben wir seither erweitert. Heute umfasst sie ganze 170 verschiedene Faktoren. Der Einsatz solcher disziplinierter Verfahren ist für unser Unternehmen so wichtig, weil wir dadurch aggressiv agieren können. 1970 kaufte ich auf dem Tiefpunkt des Marktes Aktien und mein Gefühl sagte mir: „Das ist bestimmt ein Fehler. Ich weiß es genau. Um uns herum gehen die Unternehmen pleite, alles bricht zusammen, und was tun wir?“ Und gerade in solchen Momenten sollten Sie sich unbedingt an Ihre Disziplin halten.

Die Schlüsselphilosophie, die ich im Laufe der Jahre entwickelt habe, lautet, nicht zu verlieren. Wir berücksichtigen stets Chancen und Indikatoren und wir sind nie voll investiert. Der Anteil der Stammaktien beträgt maximal 70 Prozent. Ich habe auch gelernt, dass liquide Mittel durchaus nicht sinnlos sind. Wer nicht flüssig ist, kann Chancen nicht wahrnehmen. Barbestände geben Ihnen die Möglichkeit einzusteigen, wenn sich Gelegenheiten auftun. Liquide Mittel sind eine höchst wirkungsvolle Offensivwaffe. Einzelanleger sollten sich unbedingt an Investmentfonds oder Vermögensverwalter halten, die ausgewogen und flexibel agieren und nicht die ganze Zeit zu 100 Prozent in Aktien engagiert sind.

Wir alle unterliegen dem Herdentrieb, was es manchmal schwer macht, die eigene Disziplin zu beachten. Wenn Sie auf eine Party gehen, auf der jeder von den Gewinnen erzählt, die er durch den Kauf einer zweiten oder dritten Immobilie oder der Belastung des Eigenheims zum Kauf von vier Wohnungen erzielt, ist es schwer, eine andere Meinung zu vertreten. Die Lösung besteht in einem konstanten Verhältnis zwischen Aktien und anderen Anlagen, das jedes Jahr neu austariert wird. Sagen wir, Sie möchten 20 Prozent Ihres Vermögens am Aktienmarkt investieren. Am Jahresende beträgt der Anteil 23 Prozent. Dann müssen Sie drei Prozent vom Tisch nehmen. Ergibt sich ein größerer Gewinn, sollten Sie einen Teil davon abziehen oder in einem anderen Bereich investieren, in dem Sie untergewichtet sind. Wenn das jeder täte, ohne auf das

Partygeplauder zu achten, hätten die meisten mehr davon. Schützen Sie sich nach Möglichkeit vor der Informationsflut durch Schlagzeilen, Presse und Fernsehen. Am klügsten ist es, ein bestimmtes Verhältnis festzulegen und dieses einmal im Jahr zu überprüfen und anzupassen.

Und hüten Sie sich vor der Gier. Ich rate grundsätzlich jedem, der den ganz großen Wurf landen will, fünf oder zehn Prozent als Spielgeld herzunehmen und nach eigenem Gutdünken zu investieren. Damit setzen Sie nicht zu viel aufs Spiel, können Ihrer Gier freien Lauf lassen und sich amüsieren. Den Löwenanteil Ihres Vermögens sollten Sie aber nach einem vernünftigen Plan mit festem Zahlenverhältnis investieren, den Sie jährlich überprüfen. Und in der Zwischenzeit tasten Sie das Kapital nicht an. Versprochen?

Edward J. Ludwig

Chairman, President und CEO, Becton, Dickinson and Company

Der beste Rat zum Thema Geldanlage, den ich je gehört habe, stammt von Peter Lynch, dem berühmten Manager des Fidelity Magellan Fund. Sein Video benutzten wir bei Becton, Dickinson and Company im Rahmen unserer Mitarbeiterschulungen. Er hat gesagt: „Investiere nie in Dinge, die du nicht verstehst." Im Umkehrschluss heißt das: „Investiere nur in Dinge, die du verstehst."

Ein weiterer guter Rat, den ich vor Jahren bekommen habe, war, jeden Monat etwas beiseite zu legen und zu investieren, wenn auch nur einen kleinen Betrag. Das Entscheidende dabei ist, dass man früh anfängt und dabeibleibt. Besser als nichts ist das auf jeden Fall.

Diese beiden Gedanken habe ich irgendwann kombiniert und danach bisher drei grundlegende Investitionen getätigt:

- Ich habe in Aktien meines Unternehmens (BD) investiert.
- Ich habe in die Ausbildung meines Sohnes investiert.

- Ich habe in zwei erstklassige Wohnimmobilien investiert – eine für jeden Tag und eine für den Urlaub.

All diese Investitionen waren für mich außerordentlich bereichernd – in finanzieller und psychologischer Hinsicht ebenso wie in Bezug auf meine Lebensqualität. Mittlerweile engagiere ich mich außerdem in erstklassigen, laufzeitenmäßig gestaffelten festverzinslichen Papieren, um mein Portfolio ausgewogener zu gestalten.

Terry Lundgren

Chairman, President und CEO, Federated Department Stores, Inc.

Halten Sie sich an Ihre eigenen Erfahrungen. Ihre Lebenserfahrung ist in Verbindung mit Ihren Instinkten der beste Ratgeber für geschäftliche und persönliche Investitionsentscheidungen. Halten Sie sich daran.

Howard Lutnick

CEO, Cantor Fitzgerald

Da ich in jungen Jahren meine Eltern verloren habe, musste ich mich selbst um meine finanzielle Zukunft kümmern. Im meinem ersten Studienjahr am Haverford College nahm mich ein Freund zu verschiedenen Bekannten mit, um sich dort Anlageratschläge zu holen. Zu dem Kreis gehörte auch Bernie Cantor. Er gab mir einen unfehlbaren Rat: „Geh kein Risiko ein. Als 18-Jähriger brauchst du dein Geld, um davon zu leben. Steck es in US-Schatzanleihen, damit du das Kapital nicht verlieren kannst. Eine Grundregel des Investierens ist, dass sich deine Perspektive je nach der augenblicklichen Lebensphase verändert. Das ist die klassische Methode der lebenszyklusorientierten Geldanlage. Solange du verdienst und in der Lage bist, für die täglichen Bedürfnisse deiner Familie aufzukommen, kannst du übrige Mittel in riskantere Anlagen investieren. Wenn du nicht weißt, wovon du deine Miete bezahlen sollst und den angestrebten Lebensstil noch nicht erreicht hast, darfst du nichts riskieren. Dein Geld muss vor Verlusten geschützt werden, damit du unter den gegebenen Umständen möglichst gut zurechtkommst."

Geld auf Aktientipps zu setzen, ist keine gute Idee. Mein Rat: Lassen Sie sich nur von solchen Leuten Aktien empfehlen, die mit Chauffeur zur Arbeit kommen. Ich halte nichts von der Auswahl einzelner Titel, da ich es für unmöglich halte, sich so gut zu informieren, dass man damit Erfolg haben kann. Für die meisten Menschen ist ein Aktienkauf so ähnlich wie eine Ehe. Sie kaufen 100 Stück und erzählen: „Wissen Sie, damals, als ich den Titel gekauft habe, lief alles prima. Ich zahlte zehn, er stieg auf zwölf und dann auf 14 – tolle Flitterwochen. Später kehrte eine gewisse Langeweile ein, doch ich bin am Ball geblieben. Dann kam eine Krise und jetzt steht der Kurs bei sechs. Aber ich habe mich für gute und böse Tage verpflichtet, bis dass der Tod uns scheidet. Und deshalb steige ich nicht aus." Doch Aktien sind keine Ehepartner. Wenn Sie einen Titel kaufen, sollten Sie das als intensive Affäre betrachten und verkaufen, wenn die Luft raus ist. Was Sie auch tun – auf ewig binden sollten Sie sich auf keinen Fall.

Klaus Martini

Global Chief Investment Officer, Deutsche Bank Private Wealth Management

Ende der 70er-Jahre studierte ich in München und verbrachte viel Zeit an der Münchener Börse. Dort gab es einen Glaskasten, in den man sich als Besucher setzen und das Investmentgeschäft beobachten konnte. Eigentlich war das sehr langweilig, doch hin und wieder konnte man dort von Spekulanten das eine oder andere nützliche Detail aufschnappen. Diese Typen wollten den ganz großen Wurf landen – und zwar mit Insiderinformationen, die sich in der Regel jedoch als Gerüchte entpuppten. Reuters oder Bloomberg gab es damals noch nicht, sodass man sein Wissen in erster Linie aus der Zeitung bezog.

Meine ersten Aktien kaufte ich noch als Student. Wenn ich nahe genug herankam, konnte ich an der Börse Tipps erhaschen. Auch wenn es sich dabei in der Regel meist um Klatsch handelte und nicht um stichhaltige Empfehlungen, konnte ich mir die Finanzierung meines Studiums dadurch doch etwas erleichtern. Dabei waren nicht nur die Gerüchte als solche interessant, sondern auch die Reaktionen der Menschen auf diese Gerüchte. Ich orientierte mich stets an der Marktdynamik. Ich versuchte nicht, den wahren Wert einer Aktie zu ermitteln. Stattdessen sprang ich so früh wie möglich auf den Trend auf. Wenn man fundamentales Research mit Gerüchten verbindet, wird der Markt zum Spielball seiner eigenen Dynamik und Gefühle übernehmen eine wesentliche Rolle.

Ich war 18 Jahre lang Portfoliomanager. Heute betreue ich Privatkunden und stehe jeden Tag aufs Neue vor einem gefühlsbestimmten Markt. Ich brachte unseren Privatkunden allerhand neue Rohstoffe nahe, doch deren Wert zu erklären und ihnen begreiflich zu machen, warum sie darin investieren sollten, nahm einige Zeit in Anspruch. Grafiken und Balkendiagramme waren da nicht hilfreich. Ich musste die Dinge so erklären, dass sich die Kunden emotional angesprochen fühlten. Um die Vorzüge von Gold als Anlagemöglichkeit zu veranschaulichen, bediente ich mich der visuellen Methode meines ehemaligen Chefs. Ich fragte meine Kunden, ob man alles Gold der Erde unter den ersten Bogen des Eiffelturms packen könnte. Das ist übrigens problemlos möglich. Gold ist ein begrenzter Rohstoff und würde den Bogen nicht einmal zur Hälfte ausfüllen. Diese Geschichte berührt meine Kunden auf einer anderen Ebene als Charts und Grafiken. Das abstrakte Konzept wird dadurch erfassbar gemacht.

Das Schwierigste am Investmentgeschäft ist, die eigenen Gefühle auszuklammern. Mitte der 1990er-Jahre machte ich den Fehler, eine siebenprozentige Beteiligung an Nokia abzustoßen. Ich muss immer wieder daran denken, wie stark die Aktie ausgeschlagen hat, und dass ich die Bewegung komplett verpasst habe. In solchen Situationen sollten Sie bedenken, dass Sie nicht allein auf dem Markt sind. Um Sie herum sind viele andere, die von Gefühlen geleitet werden. Dabei sind Gefühle nicht grundsätzlich negativ. Sie können in der Geschichte einer Aktie mitunter eine zentrale Rolle spielen.

Wer in eine Aktie investieren will, sollte die ganze Geschichte kennen. Und er sollte den Titel verkaufen, bevor diese Geschichte zu Ende ist. Wenn Sie eine Aktie interessant finden, sollten Sie den Bullen reiten, bis er zusammenbricht. In der Regel dauert es länger, als Sie denken, bis jeder die Geschichte verstanden hat, und am Ende ist sie weit stärker mit Gefühlen befrachtet als mit rationalen Überlegungen.

Das österreichische Unternehmen Wolford ist ein Paradebeispiel für die Bedeutung von Emotionen für den Aktienkurs. Wolford ist auf luxuriöse Wäsche und Bademoden spezialisiert. Das Unternehmen wurde 1949 gegründet und ging 1995 an die Börse. Dort wollte es sich als High-End-Einzelhändler etablieren. Zu diesem Zweck startete es eine groß angelegte Kampagne und brachte einen außerordentlich gefragten Kalender heraus. Der Börsengang kam und die Aktie brach ein. Prompt trat Wolford eine PR-Mission an. Es folgten Luxusmodenschauen auf der Spanischen Treppe in Rom und der Aufbau von Beziehungen zu den wichtigsten Leuten bei allen großen Couturiers. Bald entwickelte die Aktie Dynamik und fing an zu klettern. Immer mehr Menschen setzten auf die „Wolford-Story" und die Aktie stieg und stieg. Unglaublich, aber wahr – es gelang ihr tatsächlich, ihren Kurs innerhalb der folgenden zwei Jahre zu versiebenfachen. Einen vernünftigen Grund gab es dafür nicht. Auslöser war schlicht eine (damals) unaufhaltsame emotionsbedingte Dynamik. Heute wird der Titel wohlgemerkt zum ursprünglichen Kurs von 1995 gehandelt.

Mackey J. McDonald

Chairman, President und CEO, VF Corporation

Der beste Investmentrat, den ich je bekommen und angenommen habe, war der Glaube an und das Engagement für mein eigenes Unternehmen, VF Corporation. Dieser Rat erwies sich als ausgesprochen wertvoll, da ich Aktienoptionen erwarb und hielt, während das Unternehmen erfolgreiche Lifestyle-Marken entwickelte, die bei den Verbrauchern gut ankamen. Ich kaufe immer noch Optionen und sehe zu, wie ihr Wert steigt.

Seit 1983, als ich als Assistant Vice President unserer Jeanssparte Lee begann, sah ich vieles, was mich vom langfristigen Potenzial unserer eigenen Aktien überzeugte, denn ich konnte mich persönlich von der Vision, der Arbeitsmoral und der Professionalität der Mitarbeiter von VF überzeugen.

Nur wenige geschäftliche Entwicklungen sind befriedigender als die Schaffung einer Wachstumsvision und die Umgestaltung eines Unternehmens zur Realisierung dieses Wachstums. VF hat sich aus einem einfachen Bekleidungshersteller zu einem Unternehmen entwickelt, das von Lifestyle-Marken mit besonderem Reiz für die Verbraucher geprägt ist.

In dieser Zeit ist unsere Aktie von 30 US-Dollar im Jahr 1996 auf 60 US-Dollar im Jahr 2005 gestiegen. Sicherlich sahen wir uns in diesem Zeitraum auch mit vielen Problemen konfrontiert, doch die Vision von VF hat uns stets vorangebracht.

Als erfahrener Investor empfehle ich natürlich jedem, sein Portfolio zu diversifizieren, es jährlich von einem professionellen Berater überprüfen zu lassen und wichtige Anpassungen vorzunehmen, wenn sich Lebensalter, Anlagehorizont und Risikobereitschaft verändern.

Roger McNamee

Mitbegründer und Gesellschafter, Integral Capital Partners

Mein erster Chef sagte zu mir: „Roger, die erste Aufgabe eines Investors ist es, sich selbst kennenzulernen." Sicher müssen Sie sich mit grundlegenden Themen wie Risikoprofilen auskennen, aber darüber hinaus sollten Sie wissen, ob Sie ein Mensch sind, der sich wirklich für die Kapitalanlage interessiert, der recherchiert, weil es Spaß macht und den Geist anregt, oder ob Sie eher jemand sind, der am liebsten mit möglichst wenig Aufwand Erträge erwirtschaften möchte. Ebenso sollten Sie wissen, wie Sie auf bestimmte Informationen reagieren. Sie müssen einen ehrlichen Blick auf Ihr Risikoprofil werfen, auf ihr Engagement und auf Ihre emotionalen Neigungen.

Das Investmentgeschäft belohnt diejenigen, die klar denken und in Zeiten des Wandels Entscheidungen treffen können, wenn nicht feststeht, wohin die Reise geht. Sind Sie jemand, der sich vor allem auf die neuesten Daten konzentriert, werden Sie kaum so viel Erfolg haben wie einer, der die neuesten Daten im Kontext der Informationen vieler Jahre sehen kann. Sich selbst zu kennen, ist absolut unabdingbar. Wenn Sie nicht jeden Tag einen Blick auf die Kursentwicklung werfen müssen, ist das eine wichtige Erkenntnis. Macht Ihnen Research Freude und Sie fühlen sich wohl auf dem Markt, dann sind Sie vielleicht gut beraten, wenn Sie Ihre eigenen Anlageentscheidungen treffen. Möchten Sie dagegen lieber Erträge erzielen, ohne viel Zeit aufzuwenden, oder sind Sie jemand, der auf Veränderungen grundsätzlich emotional reagiert, dann sollten Sie die Verwaltung Ihres Vermögens auf jeden Fall in andere Hände legen.

Ein zweiter wichtiger Rat ist, dass man in Minuten mehr Geld verlieren kann, als man über Jahre erwirtschaften kann. Daraus kann man lernen, dass es ebenso wichtig ist, Verlierer zu meiden, wie Gewinner zu ermitteln. Auf schlechte Nachrichten reagiert der Markt in der Regel sofort, während er gute Nachrichten erst allmählich einpreist. Man wird also nur für gute Ideen belohnt und für schlechte abgestraft. Nach meiner Erfahrung ist es unproduktiv, nach dem schnellen Geld zu streben, denn dabei setzt man häufig auf Aktien, die bereits stark gestiegen sind. Man investiert also in eine Anlage mit ungünstigem Risiko-Ertrags-Verhältnis.

Ein dritter Rat bezieht sich auf die Betrachtung der langfristigen Entwicklung als beständige, unaufhörliche Aneinanderreihung kurzfristiger Entwicklungen. Langfristig kann man folglich nur dann erfolgreich sein, wenn man auch auf kurze Sicht meistens erfolgreich ist. Mich erstaunt immer wieder, wie oft falsche Entscheidungen damit gerechtfertigt werden, dass man sich schließlich langfristig engagiert. Mein erster Partner bei Integral, John Powell, hat das perfekt auf den Punkt gebracht. Er erzählte, dass er im Maklergeschäft für Privatkunden gelernt habe, dass sich die meisten Menschen mit solchen Aktien am wohlsten fühlen, die ein klein wenig im Minus liegen, denn das enthebt sie der Notwendigkeit, eine Entscheidung zu treffen. Sobald eine Aktie ins Plus gerät, fragen sie sich besorgt, wann sie sie verkaufen sollten. Macht sie zu viel Verlust, sind sie sicher, dass sie verkaufen müssen. Liegt sie dagegen gerade mal eben im Minus, dann schlafen die Leute gut. Das ist keine sehr befriedigende Situation. Ich glaube an langfristige Anlagepläne. Ich glaube an die Durchschnittskostenmethode, die im Grunde besagt, dass man bei der Entscheidung für den Kauf eines Wertpapiers – ob Aktie oder Anleihe – beschließt, wie hoch man sich insgesamt engagieren möchte, und diese Investition dann in gleich großen Tranchen über einen bestimmten Zeitraum tätigt. Wenn Sie 10.000 Dollar investieren wollen, könnten Sie das in zehn Teilbeträgen à 1.000 Dollar oder in fünf Teilbeträgen à 2.000 Dollar, die über einen festgelegten Zeitraum erfolgen. Dieser Ansatz schützt Sie vor allzu heftigen Kursausschlägen.

Ich glaube, dass die wirklich starken Trends in jedem Sektor, auch in meinem Kernsektor Technologie, in der Regel zehn Jahre oder länger anhalten. Lassen Sie sich daher nicht unter Druck setzen. Übereilte Entscheidungen sind im Zweifel öfter falsch als richtig. Der Börsencrash von 1987 war insofern sehr lehrreich, als er alle Aktien gleichermaßen betraf. Im Sommer 1990 kam es erneut zu einem heftigen Einbruch, der jedoch nicht so gleichmäßig ausfiel. Damals managte ich den Fonds bei T. Rowe Price und hielt drei Aktien. Diese drei Titel erteilten mir wertvolle Lektionen. Vor allem lernte ich auf die harte Tour, dass man in Sekunden mehr Geld verlieren kann, als man über Jahre verdient hat. Wir gehörten zu den größten Aktionären von Oracle. Oracle war 1986 an die Börse gegangen und hatte in jedem Bericht Zuwächse von 100 Prozent oder mehr ausgewiesen. Darauf war das Unternehmen förmlich fixiert. Man konnte erkennen, dass sich die Bilanz verschlechterte und die Gewinn-und-Verlust-Rechnung ebenfalls. Die 100 Prozent wurden durch Tricks und Kniffe erreicht. Dennoch konnte ich den Gedanken nicht ertragen, die letzten zehn Prozent der Aufwärtsbewegung zu versäumen. Und so strapazierte ich mein Glück zu sehr – obwohl ich alle nötigen Informationen vor der Nase hatte.

Durch meine zweigleisige Tätigkeit als ausgesprochen penibler Analyst und als Portfoliomanager erkannte ich, dass meine Fehler ganz selten auf dem Mangel an richtigen Informationen beruhten. Gewöhnlich passierten sie, weil ich wesentlichen Informationen nicht die nötige Bedeutung beimaß. Heute ist es so, dass Internet, Ad-hoc-Meldungen und das Sarbanes-Oxley-Gesetz* dafür sorgen, dass die Bedingungen für alle gleich sind. Die Ausrede, dass die nötigen Informationen für die richtige Anlageentscheidung gefehlt haben, zieht daher kaum mehr. Das Problem dabei ist nur, diese Informationen in den richtigen Kontext zu setzen. Wenn Sie merken, dass sich Aktien aus unvorhergesehenen Gründen bewegen, sollten Sie sich fragen, ob Sie gründlich genug vorgegangen sind. Sie treten gegen Leute an, die sich damit ihren Lebensunterhalt verdienen und für die Kapitalanlage nicht nur Beruf ist, sondern Leidenschaft. Wer bereit ist, die nötige Zeit für Research zu investieren, der kann für sich viele, wenn nicht die meisten der Vorteile in Anspruch nehmen, die früher professionellen Investoren vorbehalten waren.

* Das Gesetz betrifft alle an amerikanischen Börsen notierten Unternehmen sowie deren ausländische Tochtergesellschaften. Es soll die Wirksamkeit interner Kontrollen für die Finanzberichterstattung stärken und beinhaltet die zwingende Beeidung der Bilanz durch den Vorstand sowie drakonische Strafen für unrichtige Aussagen in Bilanzen.

Alan B. Miller

Gründer, Universal Health Services, Inc.

Ein Unternehmen als solide Investition für andere auszubauen und wiederholt Kapital dafür zu beschaffen – daraus lernte ich, was einen guten Investor ausmacht. Während sich mein Unternehmen, Universal Health Services, entwickelte, bewiesen uns die Investoren ihr Vertrauen. Ich erfuhr, dass sie sich meinetwegen für das Unternehmen interessierten und wegen des Teams, das ich zusammengestellt hatte, und wegen unserer Erfolgsbilanz. Investieren Sie in Unternehmen mit fähigem, erfolgreichem Management. Das ist der Schlüssel. Das gilt für jedes Unternehmen aus jeder Branche – aufs Management kommt es an!

Joe Moglia

CEO, TD Ameritrade

Über Geldanlage dachte ich das erste Mal nach, als ich neun Jahre alt war. Meine Eltern hatten beide keine Highschool besucht. Meinem Vater gehörte ein Obst- und Gemüseladen, wo ich im Sommer an den Samstagen aushalf. Der Umstand, dass wir in Manhattan zu siebt – ich war das älteste von fünf Geschwistern – in einer 3-Zimmer-Wohnung mit nur einem Bad lebten, war mir stets bewusst. Wir hatten immer genug zu essen und fühlten uns nicht direkt arm, aber meine Freunde fuhren zum Beispiel in den Urlaub, und so etwas kam bei uns nicht vor. Wenn man als Kind darüber nachdenkt, wie man Geld investieren könnte, dann nur im Hinblick auf ein ganz konkretes Ziel.

Ich weiß noch, dass ich meinen Vater einmal fragte, warum wir nie in den Urlaub fuhren. Er erklärte mir, dass der Laden viele Stunden Arbeitseinsatz erfordere und mit großer Verantwortung verbunden sei und dass man sich ständig darum kümmern müsse, damit man Geld beiseite legen könne. Ich fragte: „Und was machst du dann mit dem Geld, das du beiseite legst?“

Da erzählte er mir vom Aktienmarkt. Ich kam also nicht etwa deshalb zum Investmentgeschäft, weil mein Vater ein großer Wall-Street-Investor war, sondern weil ich wissen wollte, warum wir nie Urlaub machten.

Mein Vater bezog Finanzinformationen aus der Zeitung, doch er las in der Regel die *Daily News*. Und ganz bestimmt brütete er nach einem 14-Stunden-Tag im Laden nicht über Research-Berichten. Manchmal kam ein Börsianer von der Wall Street auf dem Heimweg in unserem Laden vorbei, um einzukaufen. Dann hörte mein Vater interessiert zu, wenn er über die Aktien sprach, die er an diesem Tag erworben hatte. Mein Vater betrachtete das als echte Insiderinformation und kaufte den betreffenden Titel prompt.

Dabei war er ein extrem sicherheitsbewusster Anleger. Notierte GM bei zehn und kletterte dann auf elf oder zwölf, stieg er sofort aus und freute sich, dass er 100 oder 200 Dollar verdient hatte, ohne dafür arbeiten zu müssen. Doch das klappte nicht immer. Manchmal verkaufte er zu spät. Ich erinnere mich daran, wie er mir von Penn Central erzählte, das er für zehn gekauft hatte. Die Aktie fiel auf fünf und dann auf drei und schließlich meldete das Unternehmen Konkurs an. Was ich von meinem Vater gelernt habe, ist, dass man sinnvollerweise ein paar Hausaufgaben machen und Aktien nicht nur deshalb kaufen sollte, weil es ein anderer empfiehlt. Entwickeln Sie eine Anlagestrategie. Wenn Sie eine Aktie zu einem bestimmten Kurs kaufen, legen Sie gleich eingangs fest, wann und aus welchen Gründen sie verkauft werden sollte. Aus der Beobachtung meines Vaters lernte ich schon als Kind, dass man sich nie emotional an eine Aktie binden sollte, weil es dann schwierig wird, die richtigen Entscheidungen zu treffen. Als ich später mehr mit der Wall Street zu tun bekam, besann ich mich auf diese fundamentalen Grundsätze: sich nicht emotional zu engagieren, eine disziplinierte Strategie zu verfolgen, sich Ziele zu setzen, diese klar vor Augen zu haben und einen Plan umzusetzen, an dem man sich die meiste Zeit über hält, ohne sklavisch daran gebunden zu sein.

Als ich in die Geschäftsleitung von Merrill Lynch aufstieg und unter anderem mit Aktien honoriert wurde, sagten mir meine Mentoren: „Wenn du an das glaubst, was wir tun, und ein Teil davon sein willst, dann wirst du diese Aktien nicht verkaufen wollen." Ich sah, wie viele andere sich ohne Weiteres von ihren Aktien trennten. Den größten Teil des Vermögens, das ich vor dem Wechsel zu Ameritrade aufgebaut hatte, verdankte ich dem Umstand, dass ich bis vor vier Jahren nie eine Merrill-Lynch-Aktie verkauft hatte. Langfristig kam so ein ganz hübscher Wert zusammen. Wenn Sie einer Organisation angehören, von der Sie überzeugt sind und in die Sie sich einbringen, sollten Sie keine Angst haben, alles auf das eine Pferd zu setzen, auf das Sie immerhin selbst Einfluss nehmen können.

Ein paar Fehler gibt es, die immer wieder gemacht werden. Der erste ist die emotionale Bindung an eine Anlage. Der zweite besteht darin, zu viel über den Einstandspreis nachzudenken, zu dem man ein bestimmtes Papier erworben hat. Zu welchem Kurs Sie eingestiegen sind, spielt keine Rolle. Sie müssen sich darauf konzentrieren, wohin die Reise am Ende geht. Drittens weiß zwar jeder, wie wichtig es ist, zumindest eine gewisse Vorstellung von der eigenen künftigen finanziellen Situation zu haben, von der Ausbildung der Kinder oder anderen Dingen, die Ihnen besonders wichtig sind, doch nur wenige übernehmen echte Verantwortung für die Verwirklichung dieser Vorstellungen. Leider bemüht sich die Wall Street nach Kräften, das Investieren, vor allem in ein Portfolio von Wertpapieren, unglaublich anspruchsvoll und komplex zu gestalten, denn damit ist eine Menge Geld zu verdienen. Eine Vereinfachung dieses Prozesses liegt nicht in ihrem Interesse. Dabei ist er gar nicht so schwer zu durchschauen. Die meisten Familien verwenden jedoch mehr Zeit auf die Planung ihres nächsten Urlaubs als auf die Ermittlung und Umsetzung der angestrebten Investmentziele.

Als erfolgreicher Investor müssen Sie wissen, wie risikofreudig Sie wirklich sind – und zwar im Kopf ebenso wie im Bauch. Viele Menschen wissen vom Verstand her, dass sie es sich leisten können, 10.000 Dollar zu verlieren. Gefühlsmäßig können sie damit aber deshalb noch lange nicht umgehen. Steigt oder fällt die betreffende Aktie, so bringt sie das um den Schlaf. Sie müssen unbedingt ein Risikoprofil entwickeln, dass Ihnen zu begreifen hilft, wo und wie Sie Ihr Geld anlegen möchten. Dann müssen Sie noch wissen, was Diversifikation bedeutet und wie wichtig es ist, Ihr Kapital über verschiedene Anlagen zu streuen. Diese Konzepte sind nicht kompliziert. Jeder Investor sollte sie verstehen und umsetzen können.

Georgette Mosbacher

CEO, Borghese Cosmetics

Der beste Rat zum Thema Geldanlage, der mir je erteilt wurde, lautet: „Wenn es um Ihr Geld geht, gibt es keine dummen Fragen."

Sie müssen sich für Ihre Finanzen zuständig fühlen. Selbst in Bezug auf das eigene Geld überlassen wir die Verantwortung dafür häufig anderen.

Das gilt vor allem für Frauen. Traditionell war es so, dass uns die Männer in unserem Leben versorgten. Dass das ein Trugschluss ist, hat meine Familie am eigenen Leib erfahren. Mein Vater starb bei einem Autounfall, als meine Mutter, eine typische Hausfrau, 27 Jahre alt war und vier Kinder großzuziehen hatte. Zu dem unvermeidlichen Schock kam erschwerend hinzu, dass sie keine Ahnung hatte, ob mein Vater eine Lebensversicherung besaß, wie hoch unsere Hypothekenraten waren oder ob das Auto schon abgezahlt war.

Männer vertrauen ihr Geld häufig ganz und gar professionellen Beratern an (blindes Vertrauen, wenn Sie so wollen). Dabei sollten sie Fragen stellen, auch wenn ihnen diese noch so dumm vorkommen. Ihre Kapitalanlage sollte in jeder Hinsicht so beschaffen sein, dass sie sich damit instinktiv wohlfühlen.

Weil Finanzentscheidungen eine emotionale Komponente aufweisen, müssen Sie sich emotional und intellektuell darauf einstellen. Gehen Sie in sich. Was für ein Gefühl haben Sie in Bezug auf den Vorschlag? Oder die Ausführung? Ich glaube, man kann nie zu viele Fragen stellen. Schließlich geht es um Ihr Wohl … und oft genug sogar um die Existenz.

Heute ist es viel leichter, sich gut zu informieren. Reicht Ihnen die Qualität der Informationen, die Sie für fundierte Entscheidungen benötigen, nicht aus, dann stehen Ihnen das Internet und zahllose Publikationen zur Verfügung. Sie können Ihre Berater um schriftliche Informationen bitten und überhaupt alles in schriftlicher Form beziehen. Und Sie sollten das alles unbedingt auch lesen! Markieren Sie, was Sie nicht verstehen, und schämen Sie sich nicht, um schriftliche Antworten zu bitten. Bewahren Sie die wichtigsten Finanzinformationen an einem sicheren Ort auf. Drücken Sie sich nicht vor der Lesearbeit, weil Sie denken: „Das mache ich später, wenn ich Zeit habe." Diese Zeit haben Sie womöglich niemals und das wissen Sie auch sehr genau.

Vergessen Sie nicht – es liegt an Ihnen! Je mehr Sie fragen, desto mehr wissen Sie und desto sicherer und überzeugter sind Sie.

Angelo Mozilo

Mitbegründer und CEO, Countrywide Financial Corporation

Als ich vor rund 20 Jahren mit einem engen Freund und erfahrenem Investor Golf spielte, fragte ich ihn nach seinem Ansatz in Bezug auf seine Anlagedisziplin. Damals hielt sich mein Anlageerfolg in bescheidenen Grenzen und als Vater von fünf Kindern fand ich wichtig, mir einen intelligenteren und disziplinierteren Ansatz zum Investieren zuzulegen. Mein Freund gab mir folgenden Rat:

Alle Anlagen sollten auf drei spezifische und klar definierte Töpfe aufgeteilt werden.

Der erste Topf ist für das Geld gedacht, das absolut sicher angelegt werden sollte, egal, was auch passieren sollte. Dieser Topf stellt sicher, dass Sie und Ihre Familie ungeachtet der äußeren Umstände finanziell abgesichert sind. In diesen Topf kommen Schatzpapiere, Emissionen halbstaatlicher Emittenten und erstklassige, mit AAA bewertete garantierte Produkte. Dieser Topf sollte der größte sein.

Der zweite Topf enthält Aktien von Unternehmen, die international hoch angesehen sind und eine überlegene langfristige Erfolgsbilanz aufweisen, ein maßgebliches Produkt oder eine ebensolche Dienstleistung anbieten sowie über einen bewährten Geschäftsplan verfügen. Dieser Topf erfordert langfristiges Engagement und sollte regelmäßig auf fundamentale Veränderungen überprüft werden, die eine Umschichtung erforderlich machen könnten. Dieser Topf sollte rund 30 bis 40 Prozent der Gesamtanlagen ausmachen.

Der dritte Topf ist das „Spielgeld“, das zum Beispiel in Junk Bonds, hochriskante Aktien und den einen oder anderen Trip nach Las Vegas investiert werden kann. Sie sollten einkalkulieren, diesen Topf komplett zu verlieren. Doch mit etwas Glück kann er Ihnen auch satte Gewinne bringen. Auf diesen Topf sollten unter zehn, vorzugsweise nur fünf Prozent Ihres Kapitals entfallen.

Als CEO eines Fortune-200-Unternehmens habe ich nicht nur Einblick in die Vorgänge bei Countrywide, sondern pflege Umgang mit den Chefs großer Unternehmen aus aller Welt. Ich bin vorbehaltlos überzeugt, dass sich die Qualität eines jeden Unternehmens durch die Qualität des Managements und der Menschen, die zum Management gehören, bestimmt. Ein Unternehmen mit mittelmäßigem Management wird auch nur mittelmäßige Leistungen bringen. Gegen Mittelmäßigkeit hilft nur ein Mittel – sie chirurgisch aus der Organisation zu entfernen. Das gilt vor allem für das Topmanagement. Mittelmäßige Manager holen automatisch mittelmäßige Mitarbeiter ins Boot. Nach meiner Erfahrung müssen Investoren daher ihr Augenmerk und ihre Analysen auf die Führungsqualität einer Organisation konzentrieren, die sie für eine Anlage in Betracht ziehen. Es sind die Menschen, die den Geschäftsplan erstellen, die Prozesse herleiten, die Technologien entwickeln, die Aufgaben ausführen, das Produkt oder die Dienstleistung hervorbringen und über Erfolg oder Misserfolg des Unternehmens entscheiden. Wenn von zwei Unternehmen, die dasselbe Produkt oder dieselbe Dienstleistung anbieten, eines erfolgreich ist und das andere nicht, liegt die Erklärung dafür meist in der Führung und in der Kultur, die innerhalb der Organisation geschaffen wurde.

Meine Aktionäre kommen in den Genuss verschiedener weiser Ratschläge zum Thema Geldanlage, die ich vor fast 25 Jahren von meinem ehemaligen Partner, Mitbegründer und Koautor des „*Quality of Earnings Report*"-Dienstes, Thornton L. O'glove bekommen habe. *Quality of Earnings* analysierte deduktiv die Abschlüsse und zugehörigen Anmerkungen von Unternehmen und machte institutionelle Investoren auf frühe Warnsignale vor potenziell zu hoch oder zu niedrig angesetzten Gewinnen aufmerksam.

Ende der 1960er-Jahre, vor der Gründung des Research-Dienstes, arbeiteten Thornton L. O'glove und ich als Research-Analysten für ein kleines auf das Privatkundengeschäft spezialisiertes Maklerhaus. Damals sah ich meine Aufgabe darin, Managern aussagekräftige Informationen zu entlocken, um so gewinnbringende Aktien herauszupicken. Ich verließ mich damals ganz auf meine Managementkontakte, was zum ersten großen Misserfolg meiner jungen Karriere führte. Ein Unternehmen, für das ich eine Kaufempfehlung ausgestellt hatte, verfehlte die Vorgaben des Managements so dramatisch, dass die Kunden meiner Firma empfindliche Verluste erlitten. Ich hatte die Projektionen der Manager fraglos akzeptiert. O'glove zeigte mir damals, dass ich diese nie für bare Münze genommen hätte, wenn ich auf die frühen Alarmsignale in den Abschlüssen des Unternehmens geachtet hätte, die bereits 18 Monate vor Bekanntgabe der enttäuschenden Ergebnisse zu erkennen waren.

Er gab mir außerdem noch folgenden klugen Rat, auf dem meiner Ansicht nach mein Erfolg als Investmentmanager an der Wall Street beruht. O'glove erklärte mir, dass die Börse ein Spiel der Verlierer sei – ein Spiel, bei dem man sein potenzielles Verlustrisiko durch Anlagen ermitteln musste, bevor man sich über das Gewinnpotenzial Gedanken machte. Er setzte hinzu, dass die großen Verluste den Anlageerfolg weit stärker beeinträchtigten, als ihn die großen Gewinne verbesserten. Geht es in einem Jahr um 80 Prozent aufwärts und im nächsten um 50 Prozent abwärts, so gewinnt man nämlich nicht etwa 30 Prozent, sondern man verliert 10 Prozent seines Kapitals.

Wenn der defensive Aspekt beim Investieren der wichtigste ist, dann muss ein Investor zunächst die potenziellen Minuspunkte eines Unternehmens betrachten, bevor er sich den positiven Facetten zuwendet. Gespräche mit dem Management sind aber nicht die beste Quelle für negative Informationen, denn das Management hat ja ein Interesse daran, alles im besten Licht darzustellen. Ein Unternehmen und die Qualität seines Managements lassen sich nur dadurch messen, was das Management tut – was im Abschluss zum Ausdruck kommt –, und nicht dadurch, was es sagt.

Durch O'gloves Weisheit habe ich meine ganze Karriere damit verbracht, hinter die Zahlen der Abschlüsse zu blicken und Warnzeichen für unerwartete Veränderungen der Ertragskraft eines Unternehmens aufzuspüren. Dieses Verfahren hat mich vor vielen Fehlern bewahrt, unter anderem auch vor Boston Chicken, Lucent und Enron. Lieber verbringe ich einen Abend über dem Abschluss, als zwei Tage mit dem Management.

Um am Aktienmarkt Gewinn zu machen, muss ein Investor gute Unternehmen kaufen, den richtigen Preis dafür zahlen und das künftige, im aktuellen Kurs noch nicht berücksichtigte Ertragspotenzial prognostizieren. Die Fähigkeit, Finanzabschlüsse deduktiv zu analysieren und frühe Warnzeichen dafür zu erkennen, dass die aktuellen Ertragserwartungen zu pessimistisch oder zu optimistisch sind, verschafft dem Investor sicherlich einen klaren Vorteil beim Erreichen seiner Kapitalertragsziele. Die Fähigkeit, eine Aktie zu verkaufen, wenn die Zukunftserwartungen auf der Grundlage einer Analyse der Finanzabschlüsse unrealistisch sind, ist der wesentliche Faktor, dem ich meinen Anlageerfolg zuschreibe. Wer dem Rudel nachläuft, riskiert in der Regel seine finanzielle Gesundheit. Ich danke dir, Ted O'glove.

John Myers

President und CEO, GE Asset Management

Ich hatte das Glück, in den letzten 20 Jahren mit einigen der besten Investoren zusammenzuarbeiten und von ihnen lernen zu dürfen. Darunter waren Leute wie John Angelo, Lee Cooperman, Bill Grant, Ken Langone, Lionel Pincus, Art Samberg und viele andere. Sie sind alle kluge Köpfe, gehen mit gebotener Gründlichkeit vor und haben in ihren Investmentteams fähige Leute, die sie unterstützen.

Ich glaube, dass die Gemeinsamkeiten, die die besten Investoren von den vielen anderen unterscheiden, die nur durchschnittliche Leistungen bringen, in ihrer Fähigkeit begründet sind, Risiken und Erträge richtig einzuschätzen und im Vertrauen auf den eigenen Instinkt Verluste rasch mitzunehmen, wenn sich die Situation ändert. Glücklicherweise zahlte ich mein Lehrgeld schon sehr früh in meiner Karriere, sodass ich mehr an Erfahrung gewann, als ich an Dollars verlor. Ich will Ihnen ein Beispiel aus meiner beruflichen Laufbahn geben, das zeigt, wie sich die beschriebenen Merkmale für mich ausgezahlt haben.

Ende der 1980er-Jahre leitete ich die Immobiliengruppe des GE Pension Fund. Damals beschlossen wir, uns in einer kleinen Hotelmanagementgesellschaft aus dem Nordosten der Vereinigten Staaten zu engagieren, die Guest Quarters (GQ) hieß und unter dem Markennamen GQ fünf All-Suite-Hotels im Portfolio hatte. Wir investierten zum falschen Zeitpunkt des Geschäftszyklus, wie sich herausstellen sollte. Schon bald wurden die erstrangigen Verbindlichkeiten des Unternehmens nicht mehr bedient und ich machte mich auf den Weg nach Pittsburgh, Pennsylvania, um mit dem wichtigsten Kreditgeber Westinghouse Credit (W) zu verhandeln.

Ich wappnete mich mit allen Argumenten, die mir nur einfielen, um W dazu zu bringen, uns im Austausch gegen einen größeren Anteil an der künftigen Entwicklung günstigere Zinsen und verlängerte Laufzeiten zuzugestehen. W kam mit ganz anderen Zielen an den Verhandlungstisch. Sie wollten komplett aufgekauft werden. Auf ein Gespräch über eine Übernahme war ich nicht vorbereitet und hatte dafür auch kein grünes Licht von der Unternehmensleitung. Ich spürte aber, dass W unbedingt ein Angebot von mir hören wollte. Man drängte mich richtiggehend dazu und gab mir zu verstehen, man werde sich nicht aufregen, egal, wie das Angebot aussehe. (Wie sich später herausstellte, hatte W größere Probleme mit seinem Gesamtportfolio und wollte Vermögenswerte bewertet und mit einem Preis versehen haben, um eine konkrete Vorstellung von ihrem Wert zu bekommen.)

Offensichtlich tat sich da eine Chance auf und ich beschloss, sie wahrzunehmen, und bot 35 Millionen US-Dollar für ihre nominal 130 Millionen US-Dollar betragende Position. Ich gab mein persönliches Versprechen, dass das Geld am folgenden Tag auf dem Konto sein würde. Das war entweder Dummheit oder Instinkt, je nach Sichtweise, da ich den Betrag für eine solche Übernahme nicht gründlich analysiert hatte und auch nicht bevollmächtigt war, ein solches Angebot zu unterbreiten.

Entgegen ihrer Versicherung, sich nicht aufzuregen, taten sie es doch, doch wir blieben im Gespräch und einigten uns eine Woche später auf einen Preis, der 65 Prozent unter dem Nominalwert lag. Ich erhielt die notwendige Zustimmung zum Abschluss des Geschäfts. Dann nutzten wir die erstrangigen Verbindlichkeiten, die wir gerade übernommen hatten, um unsere Aktienposition auf 100 Prozent aufzustocken, da sich die anderen Aktionäre an dem Rückkauf nicht beteiligen wollten. Anschließend gelang es uns, mit Peter Ueberroth und Dick Ferris zwei erfahrene Profis aus dem Hotelgewerbe zu gewinnen, die mit uns als Partner investierten und das Unternehmen gemeinsam leiteten. Die Strategie war, die Managementplattform auszuweiten, da wir alle den Zeitpunkt für günstig hielten, um in der Hotelbranche weitere Anlagen zu erwerben und zu konsolidieren.

Wir kauften Doubletree Hotels von Canadian Pacific und Red Lion von KKR und brachten das Unternehmen an die Börse. Dann verschmolzen wir es mit Promus Hotels (Embassy Suites und Hampton Inns) und verkauften das Konglomerat schließlich komplett an Hilton Hotels – mit rund 400 Millionen US-Dollar Gewinn. Peter Ueberroth und ich wurden in den Verwaltungsrat von Hilton berufen und behielten eine beträchtliche Zahl von Hilton-Aktien, die seither kräftig gestiegen sind.

Manchmal muss man einfach einen Schritt zurücktreten, wenn man alles genau analysiert hat und fest an eine Strategie glaubt, aber den falschen Zeitpunkt zum Einstieg erwischt hat, und seinen Instinkten vertrauen. Das Schlimmste, was man in einer solchen Situation tun kann, ist, sich wegen des Fehlers zu zerfleischen und nichts zu tun. Wenn sich die Umstände geändert haben oder wenn Sie falschliegen, sollten Sie das schnell akzeptieren und aussteigen. Wenn Sie aber sicher sind, dass Sie richtigliegen, sollten Sie die Gelegenheit nutzen, um Ihre Position auszubauen und nach den Sternen zu greifen. Wer nicht wagt, der nicht gewinnt, wie die Sportler sagen. Das gilt manchmal auch im Geschäftsleben … zumindest, wenn man den richtigen Riecher hatte.

Marilyn Carlson Nelson

Chairman und CEO, Carlson Companies

Den einen Rat, der alle Wechselfälle des Lebens oder der Kapitalanlage abdeckt, gibt es nicht. Meine Anlagestrategie vereint daher viele gute Ratschläge, die mir im Laufe der Jahre erteilt wurden.

Der alte schwedische Grundsatz, dass man nie weiter hinausrudern soll, als man zurückschwimmen kann, mag seltsam klingen aus dem Munde eines Menschen, der einst alles, was er besaß – oder vielmehr, was er nicht besaß – riskierte, um am Ende der Depression ein Unternehmen zu gründen. 1938 gründete mein Vater Curt Carlson, der gerade die Schule beendet hatte, mit 55 von seinem Vermieter geborgten Dollars die Firma Gold Bond Stamps. Im Laufe der Jahre und mit wachsendem Erfolg hat er immer wieder große Chancen wahrgenommen, jedoch nie das Herzstück für die Zukunft unserer Familie aufs Spiel gesetzt. Es gab stets einen Sockel, auf dem er wieder aufbauen konnte, selbst wenn seine letzte Wette daneben gegangen war. Natürlich war er auch der Ansicht, dass ein erfolgreicher Unternehmer seine Risiken weitestgehend reduzieren sollte – seine Wetten waren daher nicht immer reines Glücksspiel.

Einen zweiten nützlichen Rat zum Thema Investieren bekam ich direkt von meinem Vater. Er bezog sich auf philanthropische Anlagen. Mein Vater glaubte stets, dass die größte Menschenliebe ein Job sei und widmete seine Energie lieber dem Geschäft als irgendwelchen Stiftungen. Wenn er sich aber philanthropischer Betätigung zuwandte, dann tat er das mit dem für ihn typischen Elan und Engagement. Mit einer kleinen Gruppe von Familien aus Minneapolis gründete er den ersten „5-Prozent-Klub" des Landes, dessen Mitglieder fünf Prozent ihres Gewinns vor Steuern gemeinnützigen Zwecken zuführten.

Als mein Vater begann, Programme und Gebäude in den Twin Cities [Metropolregion Minneapolis/St. Paul; Anm. d. Übers.] zu fördern, insbesondere die University of Minnesota, an der er seine Ausbildung erhalten hatte, ließ er gespendete Gegenstände und Gebäude mit dem Namen Carlson versehen. Als ich noch jung war und mich besonders edel fühlte, fragte ich ihn eines Tages, ob es nicht selbstloser wäre, diese Spenden anonym zu machen, ohne Verbindung zum Namen Carlson.

Der Rat, den er mir damals gab, ist mir bis heute stets präsent. „Marilyn", sagte er, „indem ich den Namen unserer Familie verwende, gehe ich nicht nur eine finanzielle Verpflichtung ein – ich verpflichte damit dich und deine Erben zur künftigen Unterstützung. Jedes Mal, wenn du an diesem Gebäude vorbeifährst oder dich an einem Programm beteiligst, möchte ich, dass du dich verpflichtet fühlst, dafür zu sorgen, dass es so gut wie möglich wird, weil es deinen Namen trägt." Sozusagen ein Geschenk für die Ewigkeit!

Der dritte gute Anlagerat, der mir erteilt wurde, war im betreffenden Moment eigentlich gar keiner, ist aber für mich dazu geworden.

In den 1980er-Jahren, als unser Land noch an den gesellschaftlichen Veränderungen zu knapsen hatte, die die 1960er- und 1970er-Jahre gebracht hatten, war ich Mitglied im Verwaltungsrat von Northwestern Bell, einer der kleinen Bell-Töchter, die nach der Zerschlagung von AT&T ihren Weg finden mussten. Ein Mann namens Jack MacAllister leitete das Unternehmen und konfrontierte den Verwaltungsrat eines Tages mit folgendem Problem. Er berichtete, dass viele Frauen und Angehörige von Minderheiten, die ihren Weg ins Management von Bell gefunden hatten, zur Leitung von Betriebsteilen in den sieben Staaten abgestellt worden waren, für die Northwestern Bell zuständig war, aber in den verschiedenen sozialen und zivilgesellschaftlichen Organisationen der jeweiligen Standorte wegen ihres Geschlechts oder ihrer Rasse nicht akzeptiert wurden.

Jack erklärte dem Verwaltungsrat: „Wir werden diesen Organisationen die Unterstützung von Northwestern Bell entziehen, da wir sie schlecht fördern können, wenn sie Mitglieder unseres Managements abweisen." Das Gremium scheute vor einem solchen Schritt zurück und warnte Jack davor, sich auf offene Konfrontation mit diesen mächtigen lokalen Gruppen einzulassen, während die Probleme durch die Aufspaltung von AT&T noch nicht vom Tisch waren. Der Verwaltungsrat war einhellig der Auffassung, dass der Vorschlag gut sei, doch der Zeitpunkt falsch. Darauf entgegnete Jack: „Ach ja? Und wann ist der richtige Zeitpunkt?"

Was das mit Geldanlage zu tun hat? Die Unternehmen und Investoren von heute genießen eine beispiellose Fülle von Macht und Einfluss. Mit dieser neuen Macht sind neue

Verantwortlichkeiten verbunden. Doch allzu viele schließen die langfristige Perspektive aus, indem sie einzig auf Basis der Quartalsgewinne kaufen und verkaufen.

Investoren können die Welt verändern, indem sie denen Kapital zur Verfügung stellen, die vorher benachteiligt waren … indem sie die unternehmerischen Möglichkeiten für Frauen und Angehörige von Minderheiten und Entwicklungsländern ausbauen … indem sie in solche Unternehmen investieren, die soziale Verantwortung übernehmen. Indem sie ihren Einfluss nutzen, können Investoren das Management ihrer Unternehmen zwingen, die von Jack MacAllister vor über 20 Jahren gestellte Frage zu beantworten: Wenn jetzt nicht die Zeit für positive Veränderungen ist, wann dann?

Bill Nygren

Portfoliomanager, The Oakmark Funds

Den besten Rat zum Thema Kapitalanlage bezog ich von Benjamin Graham aus seinem Buch „Intelligent investieren“. Das war das erste Investmentbuch, das ans Kaufen und Verkaufen von Aktien mit dem gleichen Denkansatz heranging wie an das Kaufen und Verkaufen von Unternehmen. Aus seiner wundervollen Parabel von Mr. Market sprang mich förmlich an, wie vernünftig ein wertorientiertes Anlageverfahren ist. Graham ging bei dieser Parabel davon aus, dass jemand für 1.000 Dollar einen kleinen Anteil an einem Unternehmen erwarb und dessen übermäßig emotionaler Partner Mr. Market täglich bereit war, Beteiligungen am selben Unternehmen zu kaufen oder zu verkaufen, und zwar mit extrem hohen oder niedrigen Preisvorstellungen, die sich nach seiner Stimmung richteten, statt nach der Entwicklung des Geschäfts. Natürlich setzte Graham seinen Mr. Market später in Bezug zu den täglichen Kursschwankungen an der Börse und schlussfolgerte, dass ein besonnener Investor aus einem Markt Kapital schlagen konnte, der sich immer wieder von Gefühlen wie Angst und Gier hinreißen ließ.

Unser Ansatz zur Einzeltitelauswahl für The Oakmark Funds nutzt die Stimmungsschwankungen von Mr. Market. Wir versuchen, solide Unternehmen zu ermitteln, die zum Wohle ihrer Aktionäre gemanagt werden, kaufen aber nur, wenn die negativen Gefühle der Investoren uns die Chance eröffnen, die betreffenden Aktien deutlich unter ihrem Substanzwert zu erwerben. Dann warten wir geduldig auf einen Stimmungsumschwung, der dafür sorgt, dass der Aktienkurs wieder dem inneren Wert entspricht. Das kann schnell gehen oder, was häufiger vorkommt, mehrere Jahre in Anspruch nehmen. Stimmen Kurs und Wert am Ende überein, verkaufen wir und wenden dasselbe Verfahren auf eine andere Aktie an. Indem wir bei der Aktienauswahl einen Ansatz verwenden, der den Wert des Unternehmens berücksichtigt, ist unser Anlageverfahren auf Unternehmensmerkmale wie Ertrag, Cashflow, Gesamtkapitalrendite, Marktanteil und Branchenwachstum ausgerichtet. Den täglichen Strom an Nachrichten, statistischen Wirtschaftsdaten, Marktausschlägen etc., der die Aufmerksamkeit der Investoren allzu häufig vom wirklich Wichtigen ablenkt – nämlich dem Wert des Anteils an einem Unternehmen, für den die Aktie steht – können wir dabei getrost ignorieren.

Robert A. Olstein

Chairman, CEO und Chief Investment Officer, Olstein & Associates

Die „glücklichen Elf" – die besten Investmenttipps:

1. Der Versuch, die Bewegungen des Aktienmarktes vorherzusagen, um daraus Kapital zu schlagen, ist langfristig zum Scheitern verurteilt. Marktrisiken können ein Stück weit gesteuert werden, indem Sie Ihr Portfolio zwischen risikolosen festverzinslichen Papieren und Aktien aufteilen, statt es anhand künstlicher Anlagebeschränkungen wie hohe oder niedrige Marktkapitalisierung, Growth, Value und ähnlichen zu streuen.
2. Exakte Konjunkturprognosen sind weitgehend unnötig. Zinsen und künftige Cashflows (im Gegensatz zu ausgewiesenen Gewinnen) sind die einzigen wichtigen wirtschaftlichen Variablen, die es bei der Bewertung einer Aktie zu berücksichtigen gilt.
3. Aktuelle Meldungen sind bei der Verwaltung Ihres Kapitals wenig hilfreich. Der Markt ist zukunftsorientiert und

Gewinne entstehen dann, wenn Investoren Abweichungen zwischen kurzfristigen Wahrnehmungen und der längerfristigen Realität erkennen oder ausmachen.

4. Bei der Auswahl einer Aktie sind vor allem drei Merkmale zu beachten: der Kurs, der Kurs und der Kurs. Wenn man für ein gutes Unternehmen den falschen Preis bezahlt, ist das genauso, als würde man ein schlechtes Unternehmen kaufen.
5. Die Anlageverwalter, die sich am seltensten irren, sind langfristig die erfolgreichsten. Befassen Sie sich daher beim Kauf eines Wertpapiers zunächst mit den Verlustrisiken, bevor Sie das Gewinnpotenzial in Betracht ziehen.
6. Gegen finanzielle Risiken schützen Sie sich am besten, indem Sie Unternehmen kaufen, die überschüssige Cashflows erwirtschaften (bei denen also mehr Geld eingeht, als für Investitionen und Betriebskapitalbedarf abfließt), und zwar zu Kursen, die einen Abschlag auf ihren Substanzwert darstellen (definiert als Gegenwartswert künftiger überschüssiger Cashflows.) Unternehmen, die Cashflow-Überschüsse generieren, sind in der Lage, Dividenden zu erhöhen, Aktien zurückzukaufen und andere Unternehmen zu erwerben, wenn andere das nicht können. Kommt es zu Problemen, müssen sie sich keine kurzfristigen Strategien überlegen, die langfristig nicht im Interesse des Unternehmens liegen. Und sie sind attraktive Übernahmekandidaten.
7. Die wichtigste Tugend eines wertorientierten Anlegers ist die Geduld. Phasen, in denen falsche Wahrnehmungen und negative Stimmungen herrschen, die zu Kursabschlägen führen, bilden sich manchmal erst nach längerer Zeit zurück. Wenn solche falschen Wahrnehmungen dann am Ende korrigiert werden, kann sich das in ausgesprochen erfreulichen Anlageerträgen niederschlagen.

8. Der Wunsch, immer recht zu behalten, verhindert, dass Sie auf lange Sicht richtigliegen. Wer darauf wartet, dass ein Katalysator erkennbar wird, bevor er in eine unterbewertete Aktie investiert, wird in der Regel eine voll bewertete Aktie kaufen. Das Timing ist beim wertorientierten Investoren gleichbedeutend damit, den richtigen Preis zu zahlen.
9. Sich künstliche Anlageeinschränkungen fürs Investieren zu setzen, kann die Performance beeinträchtigen. Das Streben nach Wert darf nicht eingeschränkt werden. Wert kann in großen Unternehmen, kleinen Unternehmen, zyklischen Unternehmen, Wachstumsunternehmen, Technologieunternehmen und anderen zu finden sein.
10. Ein Value-Investor braucht eine strikte Verkaufsdisziplin, die Entscheidungen auf der Basis der Bewertung des überschüssigen Cashflows herbeiführt und nicht nach der Dynamik der Kursentwicklung oder auf Grundlage von Massenpsychologie. Die steuerlichen Auswirkungen des Verkaufs einer Aktie sind zweitrangig, wenn der Titel überbewertet ist – ansonsten zahlen Sie vielleicht niemals Steuern.
11. Selbst die besten Manager haben die Nase nicht immer vorn. Suchen Sie sich Anlageverwalter aus, die eine Investmentdisziplin verfolgen, die Ihnen entspricht, und die sich nicht kurzfristig engagieren oder nach Maßstäben für relative Performance richten. Der ultimative Maßstab für den Anlageerfolg ist der langfristige (über drei, fünf oder mehr Jahre erzielte) absolute Ertrag.

Suze Orman

Bestsellerautorin und Expertin für private Finanzangelegenheiten

Als ich etwa zwölf Jahre alt war, ging es meiner Familie finanziell nicht gerade glänzend. Ich habe das nie richtig verstanden, denn mein Vater besaß damals ein 35 Quadratmeter großes Feinkostgeschäft. Ich half dort ab und zu aus und weiß noch, dass die Schlangen bis auf die Straße hinaus standen und mein Vater ständig viel zu tun hatte. Aber Geld hatten wir nie und ich konnte nicht verstehen, warum. Einmal fuhr ich am Wochenende mit Freunden nach Chicago in die Stadt. Dort gingen wir in einen Feinkostladen. Da gab es Sandwiches, die waren nur halb so groß wie bei meinem Vater, kosteten dafür aber doppelt oder gar dreimal so viel. Ich dachte: „Wow, das ist der Schlüssel zur Zukunft meiner Familie."

Als ich nach Hause kam, sagte ich: „Dad, ich weiß jetzt, wie wir reich werden können." Er entgegnete: „Na, dann lass mal hören." Ich meinte: „Du musst einfach doppelt oder dreimal soviel für deine Sandwiches verlangen." Er schaute mich an und sagte: „Suze, ich möchte aber lieber 50 Prozent von etwas haben als 100 Prozent von nichts." Ich schaute ihn an und erwiderte: „Na gut." Aber ich hatte verstanden, was er mir sagen wollte.

1998 und 1999 engagierte ich mich im Technologiesektor und machte damit ein Vermögen. Ich verfolgte, wie Safeguard Scientific seinen Einstandskurs vervierfachte. Manche Aktien stiegen vom meinem Einstandsniveau aus sogar um 1.000 Prozent. Im Jahr 2000 gaben die Märkte dann allmählich etwas nach. Alle sagten: „Mach dir keine Sorgen, das wird schon wieder. Die Kurse werden wieder anziehen, da ist noch viel mehr Gewinn drin." Doch ich hatte die Stimme meines Vaters im Ohr: „Besser 50 Prozent von etwas, als 100 Prozent von gar nichts." Und ich stieß alles ab.

Täglich tönte es vielstimmig aus dem Fernseher: „Die Kurse werden steigen, das ist nur ein kurzfristiger Rücksetzer, keine Sorge." Es waren bereits exorbitante Gewinne erzielt worden. 2001 lag noch in weiter Ferne. Damals schreckte der Gedanke, sich Gewinne durch die Lappen gehen zu lassen, fast noch mehr als der Gedanke einzusteigen und Geld zu verlieren. Wenn man eine Anlage kauft und diese steigt und man verkauft sie, aber sie zieht danach noch um weitere 50, 100 oder 200 Prozent an, dann ärgert man sich, weil man sich die ganze Zeit ausrechnet, wie viel man hätte gewinnen können. Doch das ist ein Traum. Das ist nicht das Leben. Und deshalb fällt Verkaufen so schwer. Sackt eine Aktie ab, will man nicht verkaufen, weil man Angst hat und hofft. Man befürchtet und hofft gleichzeitig, dass sie wieder steigen könnte.

Lieber 50 Prozent von etwas als 100 Prozent von gar nichts – das kommt mir dann immer in den Sinn und daran halte ich mich. Ich verkaufte alles – ohne Ausnahme. Ich sicherte meinen Gewinn, nahm das ganze Geld und investierte es in Kommunalobligationen. Dann sah ich zu, wie der Markt ins

Bodenlose fiel. Ich beobachtete, wie Safeguard Scientific bis auf einen Dollar je Aktie abrutschte. Ich verfolgte jeden Titel, den ich gehalten hatte, bis er sich praktisch in Nichts auflöste, und erlebte, wie ganze Vermögen zu Staub zerfielen. Ich erlebte, wie Freude in Tränen umschlug. Ich sah, wie bei manchen die ganze Ruhestandsplanung den Bach hinunter ging und stattdessen noch 20 weitere Arbeitsjahre anstanden. Ich bekam mit, wie Menschen ihre Häuser verloren, weil sie damit ihre kreditfinanzierten Spekulationsgeschäfte gesichert hatten. Solche Menschen hatten am Ende 100 Prozent von gar nichts.

Der größte Fehler bei der Geldanlage ist die Gier. Wieder einsteigen kann man immer, aber aussteigen kann man nicht, wenn nichts mehr da ist, was man verkaufen könnte. Hat man sich geirrt, kann man die Aktie zurückkaufen. Verkaufen kann man sie nicht, wenn sie ihren Wert verloren hat. Dann ist alles vorbei. Kaufen ist leicht. Die schwerste Übung ist das Verkaufen. Angst, Scham und Wut sind die drei innerlichen Hemmnisse für Reichtum. Menschen, die von Gefühlen beherrscht werden, treffen auch in Bezug auf ihr Geld emotionale Entscheidungen.

Die Mehrheit der Finanzexperten, denen die Menschen jeden Tag zuhören, sind im Grunde Verkäufer. Sie wählen weder die Aktien aus, noch treffen sie Entscheidungen über Investmentfonds – sie wollen Ihnen lediglich die Research-Ergebnisse oder Ratschläge der Finanzberater und Analysten ihrer Maklerhäuser verkaufen. Sie werden von Emotionen gesteuert und wollen selbst ebenso viel verdienen wie Sie. Und wie Sie stehen sie im Wettbewerb mit anderen ihrer Branche. Sie brauchen Anreize, um Dinge zu tun, die sie eigentlich nicht tun möchten, doch die die Maklerbranche so gut beherrscht. Das Problem dabei: Der Privatanleger hat es mit einem Mittelsmann zu tun, einem Finanzberater oder Makler, der von Gefühlen geleitet wird und mit solchen Entscheidungen ebenso überfordert ist wie Sie selbst. Die echten Finanzgenies sind diejenigen, die die Investmentfonds managen, diejenigen, die analysieren, aber überhaupt keinen Kontakt zu den Leuten haben, die das Geld investieren. Dadurch kann der Analyst seinen Denkprozess rational gestalten. Das kann der Verkäufer nicht. Sobald wir eine Anlage gekauft haben, bestimmt der emotionale Verkäufer, ob wir sie verkaufen oder halten sollen. Und der hat manchmal gar keinen Zugang zum Analysten mehr. Die Analysten arbeiten auf technischer Ebene und müssen sich nicht auf emotionaler Ebene mit den Kunden herumschlagen, die Fondsanteile gekauft haben.

Warum versuchen Sie es also nicht allein? Warum verzichten Sie nicht einfach auf den Vermittler und sparen sich die Provisionen, wenn Sie so oder so zur gleichen Entscheidung kommen? Warum zahlen Sie fünf Prozent Ausgabeaufschlag für einen Investmentfonds, wenn Sie selbst gebührenfrei Fondsanteile erwerben können und damit möglicherweise bessere Ergebnisse erzielen werden, weil Sie ja nicht erstmal die fünf Prozent wieder hereinholen müssen?

Verlassen Sie sich mehr auf sich selbst als auf andere. Wenn Sie im Büro des Finanzberaters den Eindruck haben, das irgendetwas nicht so ist, wie es sein sollte, lassen Sie sich nichts einreden. Langfristig finden Sie den besten Finanzberater, wenn Sie in den Spiegel schauen. Niemand kümmert sich engagierter um Ihr Geld als Sie selbst. Die besagten Analysten sind ihren Unternehmen verpflichtet und stehen unter enormem Druck. Man muss schon sehr, sehr stark sein, um unter diesem Druck nicht nachzugeben.

Fangen Sie mit einem Index-Fonds an, machen Sie sich mit der Durchschnittskostenmethode vertraut und diversifizieren

Sie. Erleben Sie, wie es ist, wenn man selbst aktiv wird. Wir machen es uns so schwer, und dabei ist es eigentlich ganz einfach.

Jim Rogers

JBR, internationaler Investor und „Adventure Capitalist"

Was für ein Mensch Sie sind, erkennen Sie am besten, wenn Sie Geld verlieren. Wer sich davon nicht unterkriegen lässt, lernt mehr über sich und die Märkte.

Es ist leichter, alles zu verlieren, wenn man nur 5.000 Dollar besitzt statt fünf Millionen Dollar. Finanzielle Verluste verraten Ihnen mehr über sich selbst. Haben Sie das Zeug, sich wieder hochzurappeln? Tun Sie das auch? Haben Sie den nötigen Antrieb? Verkaufen Sie im Notfall Ihr Motorrad? Wenn Sie mit Ihrer ersten Anlage Erfolg haben und mit den nächsten vier oder fünf Investitionen ebenfalls, dann glauben Sie am Ende, das sei ganz leicht. Sie werden nachlässig und vergessen, dass es auch schwierig werden kann. Ein Rückschlag kommt dann meist unerwartet.

Investieren Sie nur, wenn Sie wissen, was Sie tun. Investieren Sie grundsätzlich nur in Dinge, von denen Sie selbst etwas verstehen. Eines kann ich Ihnen versichern: Wie Sie reich werden, erfahren Sie sicher nicht aus einer Zeitung oder Zeitschrift.

Dafür werden Sie hart arbeiten müssen. Jeder Leser dieses Buches kennt sich in irgendeinem Bereich gut aus, ganz egal, ob das nun Mode ist oder Autos. Und darauf sollten Sie sich konzentrieren – auf die Dinge, über die Sie bereits viel wissen, die Sie im Alltag interessieren. Bauen Sie darauf auf und lesen Sie die Geschäftsberichte von Unternehmen aus diesen Sparten. Konzentrieren Sie sich auf Ihre Leidenschaften und überlegen Sie sich dann, wie Sie mit Dingen Geld verdienen können, über die Sie schon gut Bescheid wissen – auch ohne Ratschläge aus der Zeitung. Darauf sollten Sie sich verlegen und Ihrer Leidenschaft freien Lauf lassen.

Ich habe jedes Mal schreckliche Angst, wenn ich Geld investiere – ich mache mir ständig um alles Mögliche Gedanken. Schließlich kann man nie wissen, was da aus heiterem Himmel hereinbricht. Wer weiß schon, was die Zukunft bringt. Wenn Sie sich keine Sorgen machen, dann haben Sie keine Angst und sind auch kein guter Investor, denn Sie nehmen die Sache nicht ernst genug. Sie werden nachlässig und träge.

Wilbur Ross

Milliardär, international anerkannter Turnaround-Spezialist

Bei meinem ersten Ausflug an die Wall Street gab mir der Schatzmeister von Yale einen guten Rat mit auf den Weg. Er war Berater meiner Studentenverbindung gewesen und als Präsident der Verbindung hatte ich ihn recht gut kennengelernt. Er war für mich so eine Art Mentor. Seine Sprüche mochten bisweilen banal wirken, bargen jedoch in Wirklichkeit eine tiefere Logik.

So pflegte er zum Beispiel zu sagen, wenn eine Anlagegelegenheit zu gut wirke, um wahr zu sein, dann war sie vermutlich auch zu gut, um wahr zu sein. In Wahrheit sei womöglich sogar einiges faul daran. Die zweite Weisheit, die ich von ihm bezog, habe ich in meinem beruflichen Werdegang umgesetzt. Er meinte, es gäbe keine Verhältnismäßigkeit zwischen Risiko und Ertrag. Denken Sie einmal darüber nach. Wenn es eine solche gäbe, müsste irgendwo droben im Himmel ein Gott sitzen, der sagt: „Mensch, du bist da ein ganz schönes Risiko eingegangen mit deiner Anlage, da kriegst du jetzt auch einen anständigen Ertrag." Doch so einen Investmentgott gibt es nicht. Wer immer behauptet hat, der Ertrag verhalte sich proportional zum Risiko, war vermutlich ein Wall-Street-Mann, der eine riskante Transaktion schönreden wollte. Zwischen Risiko und Ertrag besteht sehr wohl ein Zusammenhang, doch ist dieser nicht so eindeutig, wie gern behauptet wird. Häufig wird man für das honoriert, was die Menschen als Risiko wahrnehmen. Das mag ein tatsächliches Risiko sein oder nicht.

Im Laufe meiner Karriere bin ich abseits der ausgetretenen Pfade gewandelt. Alle glaubten, dass mit Stahl in den USA kein Geld zu verdienen sei. Doch wir haben einen Weg gefunden, damit Geld zu verdienen. Bevor wir investieren, studieren wir eine Branche ungefähr ein Jahr lang. Wir verwenden viel Zeit darauf herauszufinden, was schiefgehen kann und wo die potenziellen Fallstricke liegen. Wir haben festgestellt, dass die Unternehmen einer Branche häufig gleichzeitig in die Krise geraten. Einmal waren es die Einzelhändler, die reihenweise Pleite gingen, um anschließend zu gesunden. Ein andermal oder besser gesagt mehrere Male traf die Konkurswelle die Fluggesellschaften. Und irgendwann waren die Stahlunternehmen und dann die Kohleunternehmen an der Reihe. Es sind also ganze Branchen, die einknicken. Unsere Aufgabe ist es, das eine Unternehmen ausfindig zu machen, das es wert ist, gerettet zu werden. Doch das erfordert eine Menge Geduld und Analyse.

Selbst professionellen Investoren fällt es nämlich schwer, ihre Gefühle zu beherrschen. In jedem Profi versteckt sich ein ganz normaler Mensch. Dieser mag gute Instinkte besitzen, seine Hausaufgaben gemacht haben und vor einer tollen Investition stehen – und plötzlich kriegt er kalte Füße. Die gängige Meinung und der Herdentrieb wiegen mehr als die eigenen Überzeugungen. Und genau da liegt der Fehler.

Was auch immer gerade besonders populär ist, Sie sollten es meiden wie der Teufel das Weihwasser. Die größte Gefahr für den Kleinanleger besteht darin, sich von der Mode des Monats mitreißen zu lassen. Lassen Sie sich nicht in Marktblasen hineinziehen. Wenn die Menschen bei ihren Anlageentscheidungen ein bisschen mehr gegen den Strom schwimmen würden, hätten sie vermutlich mehr Erfolg. Suchen Sie sich doch ein bekanntes Unternehmen, das gut etabliert ist und – warum auch immer – gerade ein schlechtes Jahr erlebt. Wenn Sie eine solche Aktie kaufen und halten, fahren Sie besser als mit dem heißesten Tipp des Monats. Wer kauft, was gerade besonders in ist, der sollte an das alte Sprichwort denken: „Den Letzten beißen die Hunde." Wer dagegen in ein etabliertes Unternehmen investiert, das gerade schwere Zeiten durchmacht, hat gute Chancen, dass die Wirtschaft oder die Branche eine Trendwende erlebt und die Investition am Ende Gewinn bringt.

Die besondere Herausforderung einer solchen Anlagephilosophie liegt darin, dass die meisten Anleger nicht bereit sind, die nötige Disziplin zu beweisen. Sie befassen sich nur dann näher mit potenziellen Anlageobjekten, wenn diese in den Abendnachrichten erwähnt werden oder in der Zeitung stehen. Bemühen Sie sich um eine etwas konträrere Positionierung ihre Portfolios. Wer nicht mit der Masse geht, hat bessere Chancen auf Anlageerfolg.

Tom Ryan

CEO, CVS Corporation

Den besten Rat bekam ich von meinem Vater. Er hat gesagt: „Eins steht fest: Wer hinter Aktien her ist, der muss in ein gutes Managementteam investieren. Wer hinter Pferden her ist, der braucht Schaufel und Besen."

Ronald L. Sargent

Chairman und CEO, Staples Inc.

Investieren Sie in sich selbst und in Ihre eigenen Fähigkeiten. Allzu oft setzen die Menschen ihr Geld auf Aktien und Unternehmen, über die sie wenig wissen und zu denen sie keinen Bezug haben. Infolgedessen warten sie ständig auf den neuesten heißen oder sicheren Tipp und entwickeln nie eine Beziehung zu ihren Anlagen.

Eine klügere und lohnenswertere Strategie besteht darin, in Dinge zu investieren, die man kennt und an denen man Freude hat. Investments, für die Sie sich begeistern können, werden Sie vermutlich besser verstehen. Der finanzielle Erfolg ergibt sich dann ganz von allein.

Ich zum Beispiel habe mich nie besonders für Bürobedarf interessiert, doch als Chef von Staples konnte ich das tun, was mir besonders liegt – nämlich ein großartiges Unternehmen aufbauen, mit fähigen Leuten zusammenarbeiten und Wege finden, Dinge zu verbessern.

Ein anderes Beispiel ist ein Steckenpferd. Als ich klein war, handelte mein Vater (der Mechaniker von Beruf und ein Mann mit bescheidenen Mitteln war) mit Immobilien. Der Apfel fiel wohl nicht weit vom Stamm, denn ich habe ebenfalls ein Faible für Immobilien. Mein Hobby – Häuser herzurichten und dann zu verkaufen – spricht meine kreative Seite an und erwies sich gleichzeitig als gewinnbringende Anlagestrategie.

Wenn Sie also Ihr Geld investieren, dann sollten Sie stets wissen, worin. Entscheiden Sie sich für Anlagegelegenheiten, die Sie in ihren Bann ziehen und begeistern. Das ist eine Kombination, die Erfolg verspricht.

Irwin Simon

CEO, Hain Celestal Group, Inc.

Als mir klar wurde, in was für ein Geschäft ich investieren wollte, stand zweierlei fest:

Erstens stellte die Health-Food-Branche eine großartige und Gewinn versprechende Investitionsgelegenheit dar. Da war kein Einzelkämpfer am Werk, sondern viele wetteiferten darum, gesundheitsfördernde Lebensmittel auf den Markt zu bringen. Nachdem ich die Leute auf einer Messe beobachtet hatte, erkannte ich, dass durchaus ernstzunehmende Nachfrage bestand, die jedoch bislang noch nicht angemessen befriedigt wurde. Aus der Perspektive der Markenentwicklung hatte das noch keiner richtig gemacht. Niemand vermarktete die Produkte erfolgreich. Zweitens wurde es mir zur Inspiration, die Essgewohnheiten der Menschen zu verändern. Und so entstand die Hain Celestial Group.

In meiner Zeit bei Häagen-Dazs hatte ich etwas Wertvolles gelernt, das ich stets beherzigte: Die Leute zahlen immer für den Namen. Reuben Mattus, Gründer von Häagen-Dazs, brachte mir bei, dass die Menschen für eine gute Marke und für Qualität Geld auf den Tisch legen.

Wenn ich mein eigenes Geld anlege, achte ich ebenfalls auf Qualität und suche mir Markenprodukte aus. Manchmal zweifle ich im Nachhinein an meinen Entscheidungen. Während der Internetblase dachte ich: „Vielleicht liege ich ja falsch, denn die Welt wird sich durch Technologie zu Wachstum inspirieren lassen." In meinem Geschäft ist alles greifbar – man kann es anfassen – ganz anders als in der Tech-Welt. Es gab Zeiten, da hielt ich meinen Ansatz für falsch, doch zum Glück habe ich mich trotzdem daran gehalten. Bis heute würde ich nur in Marken mit Zukunft investieren. Leider kommen manche Marken aus der Mode oder veralten, sodass man sich fragen muss: „Was sind die Marken von morgen? Welche Marken stehen für Qualität?" Vor 20 Jahren war Whole Foods kein Laden, in dem die Leute eingekauft hätten. Heute ist es der Laden schlechthin.

Coca-Cola, ein Unternehmen mit enormem Markenkapital, gehört zu den erfolgreichsten Marken der Welt. Doch wird das auch in den nächsten 100 Jahren so sein? Was ist in? Was ist out? Heute ist Coca-Cola eine sensationelle Marke. Aber lehnen Sie sich mal zurück und fragen Sie sich, was die Leute wollen. Wohin entwickelt sich die Getränkeindustrie? Sicher nicht zu Erfrischungsgetränken. Vom Standpunkt des Investors aus kann man sagen, dass es eine tolle Marke ist, aber die wichtigere Frage ist doch: „Was werden die Verbraucher in den kommenden 100 Jahren verlangen?" Wie groß kann Wal-Mart noch werden? Welche Firma ist das nächste Wal-Mart? Darin sollten die Leute investieren, denn die Welt steht nicht still, sondern verändert sich laufend.

Alan Skrainka

Chef-Marktstratege, Edward Jones

Meinen nützlichsten Rat zum Thema Kapitalanlage bekam ich von meinem Mentor Brad Perry, seines Zeichens brillanter Investor und ehemaliger Chef von David L. Babson & Company. Er verriet mir die vier absolut gefährlichsten Wörter im Investmentgeschäft: „Diesmal ist alles anders." Außerdem machte er mich zu einem realistischen Optimisten und brachte mir bei, den Vorhersagen der Wall Street, insbesondere den langfristigen pessimistischen, mit großer Skepsis zu begegnen.

Diese Empfehlungen würde ich in Bezug auf die aktuelle Situation folgendermaßen auslegen:

Ich glaube nicht nur, dass diesmal gar nichts anders ist, sondern halte die gegenwärtigen Entwicklungen für vollkommen normal. Obwohl sich der Aktienmarkt seit fünf Jahren seitwärts bewegt und trotz der hohen Ölpreise, des Irakkonflikts, des Kriegs gegen den Terrorismus, der Sorgen um Zinserhöhungen durch die US-Notenbank und anderer Unwägbarkeiten gibt es nur wenig, was am derzeitigen Stand der Dinge neu, ungewöhnlich oder anders wäre. Pessimismus in Bezug auf Amerikas Zukunft ist im Moment nicht angebracht.

Winston Churchill hat einmal gesagt, je weiter man zurückschaue, desto weiter könne man nach vorne blicken. Während des Zweiten Weltkriegs glaubten viele, dass die wirtschaftliche Depression noch lange anhalten würde. Sie meinten, dass die Wirtschaft wieder in die Depression abgleiten würde, sobald der Krieg vorüber wäre – so wie nach dem Ersten Weltkrieg. Doch nach der Schlacht um Midway 1942, die die Gefahr einer japanischen Invasion in Kalifornien quasi ausräumte, setzte der Aktienmarkt zum Höhenflug an. In Erwartung des Wirtschaftsaufschwungs der Nachkriegszeit, der einsetzen würde, sobald die Jungs aus dem Krieg in Übersee zurück wären, kletterte er immer weiter. Dennoch griff bei jeder Rezession sofort die Angst um sich, sie könne der Anfang einer neuen Depression sein. Währenddessen hielten sich Inflation und Arbeitslosigkeit auf ausgesprochen niedrigem Niveau – ganz ähnlich wie heute – und der Aktienmarkt erklomm die sprichwörtliche Sorgenmauer.

In den 60er-Jahren drohten die Sowjets, uns „zu begraben" und der Kalte Krieg war in vollem Gange. Angesichts der Bedrohung durch die Stationierung atomarer Marschflugkörper nur 90 Meilen vor der Küste Floridas machten Schulkinder für den Fall eines Atomkriegs Zivilschutzübungen. Die Menschen fühlten sich allgemein unsicher. Mitte der 60er-Jahre dann überzeugte der anhaltende Wohlstand die Wirtschaftsexperten, dass ein Mann namens John Maynard Keynes den Konjunkturzyklus in den Griff bekommen hatte. Unser Präsident war sicher, dass Wirtschaftswachstum ausreichende Einnahmen hervorbringen würde, um die Sozialprogramme im eigenen Land erheblich auszuweiten, während dieses in Übersee einen unpopulären Krieg führte.

Der irrationale Überschwang einer langen Hausse fand ein abruptes Ende, als die Vereinigten Staaten durch die Unruhen im Nahen Osten und das arabische Öl-Embargo 1973 buchstäblich in Geiselhaft gerieten. Die Ökonomen verkündeten, dass die industrialisierte westliche Welt auf alle Zeit arabischen Scheichs ausgeliefert sei, die über unsere Zukunft bestimmten. In der Folgezeit verdreifachte sich die Inflation, der Präsident trat zurück, es kam zu einer tiefen Rezession und im Jahr darauf zu einer heftigen Baisse. Wäre es nach Präsident Ford gegangen, hätte jedermann einen „WIN"-Anstecker tragen sollen. „WIN" stand für „Whip Inflation Now" [in etwa „Nieder mit der Inflation", der Slogan für seine Inflationsbekämpfungspolitik; Anm. d. Übers.]. Präsident Carter sprach von einer „allgemeinen Malaise", die das Land erfasst hatte.

Die 70er-Jahre waren zwar eine heikle Zeit für die Finanzmärkte, doch Anleger, die unbeirrt systematisch weiter investierten, ausgewogene, über inländische Aktien, Anleihen und ausländische Aktien gestreute Portfolios aufbauten und hochwertige Stammaktien erwarben, die attraktive Dividenden abwarfen, standen in der Regel gut da und waren in einer günstigen Ausgangsposition für die ausgedehnte Hausse, die 1982 einsetzte.

Die 80er- und 90er-Jahre waren keineswegs frei von heimischen Problemen, wirtschaftlichen Herausforderungen, geopolitischen Konflikten und finanzwirtschaftlichen Turbulenzen. In den 80er-Jahren gaben die Vereinigten Staaten über längere Zeit enorme Summen für Rüstung aus, um den Kalten Krieg zu gewinnen. Die höheren Aufwendungen rissen in Verbindung mit drastischen Steuersenkungen riesige Löcher in den Bundeshaushalt. Die Wirtschaftswissenschaftler sagten, die US-Regierung würde die Fähigkeit der Unternehmen zur

Kreditaufnahme unterminieren, und prophezeiten explodierende Zinsen. Auch um die mangelnde Wettbewerbsfähigkeit der amerikanischen Industrie sorgten sie sich. Viele kauften sich damals Bücher über den japanischen Managementstil und Methoden zur Qualitätskontrolle. Der rekordverdächtige Ein-Tages-Crash der Börse im Oktober 1987 war für die Ökonomen die Bestätigung, dass ein dramatischer Niedergang der US-Wirtschaft bevorstand.

Anfang der 90er-Jahre pendelte der Dow bei 3.000 und die Investoren sorgten sich um die Wiederwahl des ersten Präsidenten Bush, den Konflikt im Irak, die hohen Ölpreise und die schwächelnde Wirtschaft. Wir kamen aus dem Irak zurück, Bush verlor die Wahl, die Ölpreise fielen und die Wirtschaft florierte. Die 90er-Jahre endeten in noch größerem irrationalem Überschwang. Die Investoren glaubten, das Internet habe eine „New Economy" hervorgebracht, in der traditionelle Investmentregeln nicht galten.

Warum ist diesmal doch nicht alles anders? Ganz einfach: Weil wir immer noch mit Herausforderungen und Ungewissheiten konfrontiert sind, im Ausland ebenso wie zu Hause, weil wir immer noch nicht in die Zukunft schauen können und weil die Normalbürger immer noch nicht wissen, wie sie ihr Geld am besten anlegen sollen. Viele dieser Menschen brauchen eine feste Hand, die sie in finanziellen Angelegenheiten leitet – jemanden, der Zusammenhänge erklären und die drängenden Fragen von heute ins richtige Licht rücken kann.

Wir wissen nicht, wie sich der Aktienmarkt in diesem oder im nächsten Jahr entwickelt oder welche Entscheidungen die US-Notenbank auf ihrer nächsten Sitzung fällt. Wir können nicht vorhersehen, ob oder wann die Vereinigten Staaten wieder von Terroristen angegriffen werden oder wann unser Einsatz im Irak beendet wird. Doch all das müssen wir auch gar nicht wissen, um unser Geld richtig anzulegen. Anlageentscheidungen sollten auf Investmentprinzipien beruhen, nicht auf Vorhersagen. Wir halten an der Überzeugung fest, dass die Konzentration auf die zentralen Anlagegrundsätze der Diversifikation, des Erwerbs qualitativ hochwertiger Anlagen und der Beibehaltung einer langfristigen Perspektive die beste Methode ist, mit der Investoren ihre langfristigen Ziele erreichen. Anleger müssen begreifen, wie wichtig es ist, Geduld zu haben und in Bezug auf die fernere Zukunft unseres Landes und des Aktienmarktes realistisch optimistisch zu bleiben. Und sie sollten die vier gefährlichsten Wörter im Investmentgeschäft kennen: „Diesmal ist alles anders."

Sy Sternberg

Chairman und CEO, New York Life Insurance Company

Haben Sie den Mut, der Erste zu sein. Ob als Käufer oder als Verkäufer – Sie möchten sicher ungern einer von vielen sein. Die größten Gewinne machen diejenigen, die früh am Markt sind, noch vor dem großen Ansturm. Wer als Erster einsteigt, erwirtschaftet mehr Ertrag. Das gilt für institutionelle Investoren, für die die erste Tranche eines Angebots lukrativer ist. Das treibt die Wagniskapitalbranche an, in der die durch Investition in junge Unternehmen eingegangenen Risiken durch die Chance kompensiert werden, am Ende einen Hauptgewinn gezogen zu haben.

Ich habe festgestellt, dass die Regel des frühen Einstiegs auch auf private Anlageentscheidungen anwendbar ist. Als ich mit meiner Familie nach einem Haus suchte, riet mir unsere Maklerin zu einem neu erschlossenen Baugebiet, das gerade auf den Markt gekommen war: sieben ungewöhnlich große Grundstücke zu ungewöhnlich hohen Preisen. Ich fand sie zu teuer. Sie meinte, ich solle trotzdem ein Angebot abgeben. Später erkannte ich, dass der Verkäufer ein Zugpferd gebraucht hatte – einen Vorzeigekäufer, der als Erster zuschlug und seine vorsichtigeren Interessenten aus der Reserve lockte. Nachdem er einen Preis akzeptiert hatte, der 35 Prozent unter dem Betrag lag, den künftige Käufer zahlen würden, war mir eines klar: Es lohnt sich, das Zugpferd zu sein!

Wer der Erste sein will, muss genug Selbstvertrauen besitzen, um rasch zu handeln. Vor ein paar Jahren nahm ich meinen halbwüchsigen Sohn mit zum Autokauf. Ich mag zweisitzige Cabrios, bin aber kein Freund von Stoffverdecken. Als ich den neuen Mercedes SL 500 Roadster von 2003 sah – mit klappbarem Stahldach –, stand mein Entschluss fest. Ich fragte den Verkäufer nach dem Preis. „Der liegt 10.000 Dollar über dem Listenpreis." „Gut", sagte ich. „Wann kann ich ihn haben?" Meinem Sohn klappte die Kinnlade herunter. (Er weiß, dass ich ungern mehr bezahle als unbedingt nötig.) Zwei Wochen später, als wir das Auto abholten, erfuhr er, warum ich so schnell reagiert hatte. Der Händler hatte für den ganzen Bundesstaat nur drei Modelle vom Typ SL 500. Und sie waren alle verkauft. Der zweite Käufer nach uns hatte 15.000 Dollar Aufschlag bezahlt, der dritte 20.000 Dollar. Und der vierte musste mindestens 18 Monate auf die Auslieferung warten!

Wenn Sie sich mit einer Transaktion nicht wohlfühlen, lassen Sie die Finger davon. Wenn sie Ihnen aber zusagt, zögern Sie nicht. Die Wahrscheinlichkeit ist groß, dass Ihre Entscheidung jetzt noch besser ist als später.

David Swensen

Chief Investment Officer, Yale University Endowment Fund

Das Buch „Winning the Loser's Game" von Charlie Ellis hatte auf mich eine ungeheure Wirkung. Seine Ratschläge laufen darauf hinaus, dass Indexfonds den Kern eines Portfolios bilden sollten. Zugrunde liegt die Vorstellung, dass es sehr schwer ist, den Marktertrag zu übertreffen. Wer das probieren will, braucht Partner, die den Markt zuverlässig schlagen können. Und das ist ein schwieriges Unterfangen.

Dazu muss man nicht nur Tag und Nacht am Markt präsent sein, sondern auch noch an einer Vielzahl von Märkten und nicht nur am US-Aktienmarkt, denn dieser ist zu volatil. Die Emerging Markets sind das Gewürz, das das Gericht erst richtig pikant macht. Eine Allokation in Höhe von fünf oder zehn Prozent auf Schwellenländer in Asien, vielleicht auch Afrika, im Nahen Osten, in Zentraleuropa und Lateinamerika kann den Unterschied machen – aber lassen Sie sich nicht zu sehr mitreißen. Bilden Sie eine Mischung aus US-Aktien, europäischen Aktien, asiatischen Aktien und Schwellenländeraktien und runden Sie das Ganze mit Immobilien, Indexfonds und traditionellen Anleihen ab. Verteilen Sie Ihr Kapital und streuen Sie es. Wagen Sie sich hinaus auf die Märkte.

Unglücklicherweise sind alle Hilfen, die Sie bei Ihren Exkursen in die Investmentwelt in Anspruch nehmen können, etwas zwiespältig. So wenden Sie sich vielleicht zur Unterstützung an einen Makler, doch der verdient Geld, wenn Sie viel kaufen und verkaufen. Eine zuverlässige Quelle für bezahlbare, unabhängige Beratung ist schwer zu finden. Also bleibt den Leuten gar nichts anderes übrig, als sich selbst hinzusetzen und die Bücher zu lesen, nach deren Generalplan sie sich richten können.

Der größte Fehler vieler Anleger ist, der Wertentwicklung hinterherzulaufen. Ein häufiger Missgriff besteht darin, einen heißen Fonds zu kaufen – einen, der bereits stark angezogen hat. Das machen Einzelanleger sehr gern und immer wieder – und es hat verheerende Wirkung auf den Ertrag. Dollargewichtete Erträge, die auch Zu- und Abflüsse an Fondskapital berücksichtigen, sind unweigerlich niedriger als zeitgewichtete Erträge, denn Einzelanleger kaufen, wenn die Kurse hoch sind, und verkaufen enttäuscht, wenn sie fallen. Stattdessen sollten sie nach dem Durchschnittskostenprinzip agieren und die Wertentwicklung der Vergangenheit bei der Allokation außer Acht lassen.

Doch leider wählen die Anleger Investmentfonds in der Regel gerade nach diesem Kriterium aus, wozu die Werbung der Fondsindustrie in den einschlägigen Medien zusätzlich animiert. Das gesamte Umfeld bestärkt das Publikum darin, sich zu engagieren, wo die Kurse bereits gestiegen sind. Doch aus Investmentperspektive gibt es keinen Grund, davon auszugehen, dass ein Titel, der schon gestiegen ist, noch weiter steigen wird. Wenn überhaupt, so ist das eher ein Indikator für die gegenteilige Entwicklung. Daher sollten die Anleger nicht länger hinter der Wertentwicklung herhecheln, sondern ungeachtet der Schwankungen der Märkte einfach ein vernünftiges Portfolio zusammenstellen.

James Tisch

President und CEO, Loews Corporation

Wenn nichts zu tun ist, dann tu auch nichts." Das klingt banal, doch nur wenige Menschen halten sich daran. Investoren haben in der Regel das Bedürfnis, laufend Kauf- und Verkaufsentscheidungen zu treffen – als wären sie hyperaktiv. Für viele Anleger ist der Handel mit Wertpapieren ein vergnüglicher Zeitvertreib – fast wie ein Wirklichkeit gewordenes Computerspiel oder ein Blackjack-Tisch. Dieses Bedürfnis wird von den Wertpapiermaklern aus einem nahe liegenden Grund geschürt: Sie werden nach der Zahl der Transaktionen honoriert, die sie im Namen ihrer Kunden durchführen. Doch hyperaktive Investoren erzielen gewöhnlich keine spektakulären Ergebnisse, da sich im Jahr nur wenige wirklich gute Anlagechancen bieten. Der Trick dabei ist, dem Tatendurst und Amüsiertrieb zu widerstehen und nur dann zu investieren, wenn sich alle Puzzleteile zu einer tragfähigen Anlageidee zusammenfügen. In allen übrigen Fällen sollten Sie so tun, als seien Ihre Taschen mit Asbest gefüttert: Lassen Sie nicht zu, dass Ihr Geld ein Loch hineinbrennt!

Jason R. Trennert

Chef-Investmentstratege und Senior Managing Director, International Strategy and Investment Group, Inc.

Bei ISI kam ich in den besonderen Genuss, mit den klügsten Köpfen der Investmentbranche zusammenarbeiten zu dürfen. Dazu gehörte auch Ed Hyman, der vom *Institutional Investor* für eine bemerkenswerte 26-jährige Karriere zur Nummer 1 unter den Ökonomen des Landes gekürt wurde, sowie Jim Moltz, ehemaliger Chef und leitender Investmentstratege von C. J. Lawrence und heutiger stellvertretender Chairman von ISI. Als ich in der Firma zum Investmentstrategen befördert wurde, fragte ich Jim, wie er es über Jahre hinweg geschafft hatte, die Entwicklung der Märkte so zuverlässig vorherzusagen. Jim war zu bescheiden, um die Implikation dieser Frage so stehen zu lassen, meinte jedoch: „Ich glaube, dass es ganz wichtig ist, geistig so flexibel wie möglich zu bleiben. Und vergiss eins auf keinen Fall: Wenn die Masse stur in eine Richtung drängt, dann geh in die andere."

Jims Rat sollte mir Anfang März 2003 gute Dienste leisten. Damals peilte der Markt erneut die Tiefststände vom Oktober 2002 an und die Bullen stoben panisch davon. In dieser Zeit hielt ich einen Vortrag bei einer großen, legendären Anlageverwaltungsgesellschaft, die gerade mehrere Hedgefonds aufgelegt hatte. Trotz der Marktschwäche war ich seinerzeit optimistisch und glaubte, dass die Erträge positive Überraschungen bringen würden und vor allem, dass in die Einstellung gegenüber Aktien die schlimmsten Befürchtungen in Bezug auf die Wirtschaft und den amerikanischen Einsatz im Irak eingeflossen waren. In unserem Überblick über Hedgefonds wies ich 20 recht ernst dreinblickende Damen und Herren, die um einen großen Konferenztisch aus Eichenholz herumsaßen, auf den extremen Pessimismus hin. Ich sagte: „Unsere Erhebung zeigt, dass sich bereits viele Investoren auf die Short-Seite geschlagen haben. Sollten Sie dazugehören, raten wir Ihnen zur Vorsicht. Sollten Sie jedoch in Long-Position sein …"

Da fiel mir ein jüngerer Mann ins Wort, um die 30 vielleicht. Er war mit Verspätung zu der Sitzung erschienen und wollte nun wohl zumindest inhaltlich Einfluss ausüben. Er war einer der Manager der neuen Hedgefonds und ganz offensichtlich short gegangen. „Ich möchte Ihnen gerne eine Frage stellen", sagte er. „Wo sind die ganzen cleveren Leute dieser Branche?" Ich wusste nicht, was ich sagen sollte. In meiner Firma galt die ungeschriebene Regel, dass man sich selbst nicht als clever bezeichnete und sein eigenes Urteilsvermögen mit dem Markt gleichsetzte. Das tat man einfach nicht. Noch bevor ich mir eine unzulängliche Entgegnung abringen konnte, beantwortete er seine Frage schon selbst. „Bei den Hedgefonds, mein Lieber. Daher betrachte ich den netten, kleinen Index Ihrer Firma als guten Frühindikator, nicht als konträr. Die Aktien werden fallen."

Am Tisch herrschte fassungslose Stille, akzentuiert durch verstohlene Blicke in meine Richtung, um zu sehen, ob ich bereits meine Sachen packte. Mit Mühe beendete ich meinen vorbereiteten Vortrag und suchte das Weite. Angesichts der neuen Tiefststände, die der Markt danach verzeichnete, war ich mir nicht so sicher, ob mein neuer Freund mit seiner persönlichen Einschätzung seiner Intelligenz und meiner Dummheit nicht recht gehabt hatte. Da erinnerte ich mich an Jims Rat, entgegengesetzt zu agieren, wenn alle stur eine Richtung einschlugen. Die von uns entwickelten Stimmungs- und Bewertungsmethoden wiesen auf eine bevorstehende Rallye hin. Dank Jims Rat vertraute ich darauf. Eine weitere schmerzliche Woche musste ich noch über mich ergehen lassen, doch dann bildete der S&P am 11. März einen Boden und wies für 2003 am Ende 28 Prozent Ertrag aus. Gegen den Strom zu schwimmen, ist niemals leicht. Am Treffendsten hat das vielleicht Mark Twain auf den Punkt gebracht: „Nicht was du weißt, bringt dich in Schwierigkeiten, sondern was du sicher zu wissen glaubst, aber in Wirklichkeit nicht stimmt." Ich kenne keinen besseren Rat für erfolgreiche Kapitalanlage.

Donald J. Trump

Immobilienunternehmer, Bestsellerautor und Fernsehproduzent

Mein Vater hat mir das schon beigebracht: Wenn etwas zu schön ist, um wahr zu sein, dann stimmt das meistens. Das war ein weiser Rat – eine alte Redensart, die sich so lange hielt, weil wirklich etwas dran war. Dieser Rat gilt für Geschäft, Kapitalanlage, ja, im Grunde für alles. Mein Vater war ein vorsichtiger und gründlicher Mensch und wenn es beim Investieren um die Höhe der einzugehenden Risiken ging, dann fragte er: „Wie viel Verlust kannst du verkraften?" Das ist für jede Art von Kapitalanlage ein vernünftiger Ansatz. Diese beiden Ratschläge ergänzen sich gut und können beim Investieren als Sicherheitsnetz fungieren.

Don Washkewicz

Chairman und CEO, Parker Hannifin Corporation

Der US-Aktienmarkt hat seit seiner Einführung im Schnitt über zehn Prozent im Jahr gewonnen. Wenn Sie als Einzelanleger ohne professionelle Hilfe Geld anlegen möchten, sollten Sie unbedingt diversifizieren. Meine Empfehlung: Investieren Sie Ihr Geld in einen „S&P 500"-Indexfonds. Damit minimieren Sie Ihre Risiken und erwirtschaften akzeptable Erträge. Langfristig hat der S&P 500 die meisten Fonds übertroffen. Bei der Anlage in ausländische Einzeltitel oder internationale Fonds, die in Unternehmen investieren, über die der Anleger nichts weiß, war ich stets zurückhaltend. Viele dieser Fonds haben sich langfristig nicht gut entwickelt. Mein Rat in Bezug auf internationales Investieren ist, dass Sie durch ein Engagement in „S&P 500"-Indexfonds oder breit angelegte Aktienfonds automatisch auch internationalen Märkten ausgesetzt sind, da viele der darin vertretenen Unternehmen global operieren. Dieser Ansatz sollte Ihre Risiken auf ein Minimum begrenzen.

Beachten Sie bitte: Sie müssen nicht in ausländische Aktien investieren, um sich international zu engagieren.

Abschließend sind wir natürlich stolz, dass die Parker Hannifin Corporation in der Vergangenheit beim Gesamtertrag vor dem S&P 500 lag.

Robert Weissenstein

Chief Investment Officer,
Credit Suisse Private Banking USA

Als ich ins Investmentgeschäft einstieg, hielt das mein Vater, seines Zeichens Fotograf, für Glücksspiel. Als ich das hörte, beschloss ich, ein bisschen Disziplin in das Verfahren zu bringen. Für mich war dieses Geschäft eine ganz klare Sache. Ich musste aussichtsreiche Gelegenheiten ausfindig machen und damit Gewinn erwirtschaften.

Geldanlage ist keine akademische Angelegenheit. Man kann sich noch so viel theoretisches Wissen aneignen, für jahrelange Erfahrung am Markt, aus der man lernt, sich im Griff zu haben, gibt es keinen Ersatz. Herauszufinden, wie man sein Geld am besten verwaltet, verlangt viel Konzentration und Zeit. Das Investmentgeschäft ist immer komplexer geworden, wenn man wirklich verstehen will, was vor sich geht – und zwar nicht nur in Bezug auf die Märkte, sondern auch in Bezug darauf, wie man sich in verschiedenen Märkten und Anlagen engagiert. Auch wenn Sie einen Berater oder Finanzmanager einschalten, ist es dennoch Ihre Aufgabe zu verstehen, was Ihnen dieser erzählt und wozu er Ihnen rät. Diese Verantwortung sollten Sie nie ganz abgeben und Sie sollten auch nie blind akzeptieren, was Ihnen ein Einzelner rät.

Im Laufe der Jahre habe ich häufig gehört, dass „diesmal alles anders ist". Doch in Wirklichkeit ist es nur selten wirklich anders. Die Leute rechtfertigen damit Marktextreme. Als sich die Tech-Blase bildete, konnte man nur Geld verdienen, wenn man in Technologiewerte investierte, und jeder glaubte, dass die ganze Welt einen neuen Kurs eingeschlagen habe. Mir gefiel nicht, wie extrem sich die Märkte anhaltend verhielten. Wie viel man den Investoren auch über das Festhalten an ihrer Disziplin erzählte und wie oft man sie dazu ermahnte zu diversifizieren – sie konzentrierten sich immer mehr auf Tech-Anlagen.

In Wahrheit gab es zwar vom technologischen Standpunkt aus revolutionäre Entwicklungen, doch das hieß nicht, dass alles, was früher gegolten hatte, plötzlich ad acta gelegt werden konnte. Das war mir nie klarer als an dem Tag, als der Nasdaq die 5.000er-Marke knackte. Fernsehreporter prognostizierten krampfhaft, wann er 6.000 erreichen würde. Ich war damals gerade in Hongkong und dort sagte mir jemand: „Natürlich ist es toll, dass sich die Welt verändert und der technische Fortschritt ist zurzeit wirklich enorm, aber was ist mit Unternehmen wie Colgate? Wer glaubt denn schon ernsthaft, dass wir irgendwann virtuelle Zahnpasta benutzen werden?" Manche Dinge wird es auch weiterhin geben. Wenn Ihnen jemand sagt, dass diesmal alles anders ist, dann sollten bei Ihnen alle Alarmglocken schrillen. Deshalb sollten Sie sich durchaus zwingen, die Entwicklungen aus anderen Blickwinkeln zu betrachten. Die Dinge entwickeln sich. Auch die Möglichkeiten zum Engagement auf den Märkten verändern sich. Bleiben Sie also offen für Neues. Sie können nicht wissen, ob Sie das, was bisher funktioniert hat, auch künftig genauso handhaben werden.

US-Anleger konzentrieren sich meist stark auf die US-Märkte, da diese groß, gut kapitalisiert und sehr liquide sind. Doch eine globale Betrachtung der Aktienmarktkapitalisierung ergibt, dass auf die USA nur die Hälfte des in Umlauf befindlichen Kapitals entfällt. Wer nicht über seinen Inlandsmarkt hinausblickt, der sagt im Grunde: Die Hälfte aller Chancen da draußen interessieren mich nicht. Dabei kann man eine solche Fülle von Gelegenheiten doch nicht einfach ignorieren. Sie müssen ja nicht immer das Gelbe vom Ei darstellen, doch zumindest sind sie einen Blick wert.

Diversifikation ist ein Begriff, der häufig für die Beschreibung einer erfolgreichen Anlagestrategie verwendet wird und bedeutet, dass ein Portfolio nicht auf ein bestimmtes Wertpapier konzentriert ist. Viele Anleger versuchen, den großen Wurf zu landen, weil sie Geschichten über spektakuläre Anlageerfolge gehört haben. Doch je mehr sie sich darum bemühen, desto geringer sind ihre Erfolgsaussichten. Setzen Sie bei dem Konzept an, dass Sie global diversifizieren sollten. Die Barrieren sind gefallen, die Chancen sind da und die Märkte sind stärker kapitalisiert. Außerdem gibt es verschiedene Anlagekategorien und jedes Portfolio sollte Aktien und Renten enthalten. Es gibt auch eine Reihe neuer Instrumente, die Ihnen verschiedene Möglichkeiten bieten, sich zu engagieren. Setzen Sie sich damit auseinander. Hedgefonds, Fremdwährungsengagement und strukturierte Produkte, in die ein gewisser Schutz vor Abwärtsrisiken eingebaut ist und die Aufwärtspotenzial in unterschiedlicher Höhe bieten, sind es wert, beim Aufbau eines breit gestreuten Portfolios in Betracht gezogen zu werden.

Die klassische Frage an Investoren ist die nach der Risikotoleranz. Damit wird in Wirklichkeit gefragt, wie viel Geld Sie aufs Spiel zu setzen bereit sind. Da niemand Geld verlieren möchte, müsste die Frage eigentlich lauten: Welches Volatilitätsniveau ist für Sie akzeptabel? Was für Schwankungen Ihres Portfolios können Sie verkraften? Dabei geht es darum sicherzustellen, dass Sie so viel Volatilität aushalten können, dass Ihr Portfolio seine eigentliche Aufgabe erfüllen kann. Wer sein Volatilitätsbudget nicht kennt, der wird auch keine Anlageerfolge verbuchen. Vielmehr wird er panisch aussteigen, statt zu tun, weshalb er eingestiegen ist. Vergessen Sie die Marktentwicklung von morgen, ermitteln Sie Ihr Volatilitätsniveau und lassen Sie Ihr Portfolio arbeiten – dann wird es Ihnen leichter fallen, auch unter schwierigeren Bedingungen und in heikleren Situationen klarzukommen.

Miles White

Chairman und CEO, Abbott Laboratories

Der Sportkolumnist Blackie Sherrod schrieb einmal: „Setzen Sie auf ein Pferd, dann ist das Glücksspiel. Setzen Sie darauf, dass Sie drei Pik-Karten auf die Hand kriegen, dann ist das Unterhaltung. Setzen Sie aber darauf, dass Baumwolle drei Punkte steigt, dann ist das Geschäft. Alles klar?"

Allzu viele vergessen, dass Aktienauswahl nichts mit Glücksspiel zu tun hat. Das müssen Sie unbedingt begreifen. Und dann sollten Sie noch verinnerlichen, dass Ihre Strategie dazu dienen muss, Ihre Chancen zu verbessern – indem Sie auf der Grundlage der richtigen Informationen fundierte Entscheidungen treffen. Ich achte zur Verbesserung meiner Chancen als Investor stets auf drei Aspekte: Geschäftsmodell, Ertragspotenzial und Management.

Zunächst braucht ein Unternehmen ein plausibles Geschäftsmodell. Die Grundzüge seiner Tätigkeit sollten relativ schnell zu verstehen sein: Um welches Produkt geht es, wie wird es hergestellt, wer sind die Kunden und wie sehen die Bindeglieder aus?

Zweitens ist ein kohärenter Kurs erforderlich, der nicht nur zur Erzielung von Umsätzen führt, sondern auch Erträge generiert. So manches Unternehmen hat ein wohlklingendes Konzept und erwirtschaftet damit sogar Umsätze. Wenn aber unter dem Strich kein Gewinn übrig bleibt, ist es vermutlich doch keine interessante Anlage. Das ist eigentlich selbstverständlich, doch allzu viele Investoren verschließen ganz offensichtlich die Augen vor der geschäftlichen Realität und achten nur auf die Umsatzzahlen.

Drittens und am allerwichtigsten: Das Managementteam muss das Zeug zum Erfolg haben. Das bedeutet, die Manager müssen bereit sein, Risiken einzugehen, dürfen jedoch selbst keine schaffen. Es bedeutet, sie müssen ihr Unternehmen langfristig betrachten. (Ich investiere in kein Unternehmen, dessen Geschäftsleitung der Quartalsgewinn wichtiger ist als die Position des Unternehmens in fünf Jahren.) Außerdem müssen sie kapiert haben, dass Erfolg auf dem Markt auch eine Art des Gewinnens ist. Geschäft ist Wettbewerb und dafür braucht man eine Strategie, die zum Sieg führt.

An sich sollte es kein Problem sein, die Informationen zu beschaffen, die Sie für fundierte Anlageentscheidungen benötigen. Schließlich konkurrieren die Unternehmen ja in gewissem Sinn um Ihr Anlagekapital. Und wenn eines nicht genügend Informationen zu diesen Punkten liefert, dann konzentriert man sich eben auf das nächste.

Dass ich die Auswahl einer Aktie – und jedes anderen Anlageinstruments – stets mit der Platzierung einer Wette vergleiche, mag daran liegen, dass ich in Las Vegas aufgewachsen bin. Doch mit den richtigen Informationen und dem nötigen Aufwand zu deren Beschaffung können Sie ungleich besser informiert antreten und Ihre Chancen auf einen Gewinn erhöhen.

C. John Wilder

Chairman und CEO, TXU Corporation

„Bei tiefen Kursen kaufen, bei hohen verkaufen."
– *aus unbekannter Quelle*

Tim Wolf

Global Chief Financial Officer, Molson Coors Brewing Company

Punkt 1: Befassen Sie sich mindestens einmal im Quartal eingehend mit Ihren Kapitalanlagen. Ich kenne Leute mit viel Geld, die einfach zu viel zu tun haben – sie sind zu sehr damit beschäftigt, Geld zu verdienen, und verwenden zu wenig Zeit darauf, es zu erhalten, zu schützen oder damit zu arbeiten. Die meisten Menschen kennen nicht einmal ihr eigenes Risikoprofil. Und sie setzen sich auch nicht mit der nötigen Gründlichkeit mit der folgenden Frage auseinander: „Bin ich die Sorte Investor, die wirklich gern unruhig schläft, oder ist mir meine ungestörte Nachtruhe wichtig?"

Wie ich es sehe, reden zwar viele Investoren so, als wären sie nur allzu gern bereit, Risiken auf sich zu nehmen, doch dabei merken sie nicht, dass sie in Wirklichkeit auf die Erträge aus sind, die diese Risiken versprechen, und nicht auf die Risiken als solche. Das kann wohl nur derjenige so richtig verstehen, der sich schon einmal böse die Finger verbrannt hat. Daher sollten Sie Ihre Auffassung und die Ihrer Familie vom für Sie sinnvollen Verhältnis zwischen Risiko und Ertrag ständig überprüfen. Das ist allein schwer zu machen. Wenden Sie sich daher an Ihren Partner, einen Freund oder einen Anlageberater. Und überprüfen Sie sie häufig – vor allem, wenn Sie gerade einen neuen Job angetreten oder einen unverhofften Gewinn gemacht haben oder wenn Sie daran denken, sich zur Ruhe zu setzen. Man kann immer wieder beobachten, wie hoch intelligente Menschen es zu viel Geld bringen und am Ende alles verlieren. Wie das kommt? Ganz einfach – indem sie ihr Geld auf 21 rot setzen oder auf die Aktie XYZ.

Punkt 2: Ob Sie nun 20 oder 50 sind – Sie sollten sich in jedem Alter genau überlegen, wie Sie Ihr Kapital aufteilen. Ein Teil Ihres Portfolios sollte stets risikolos angelegt sein. Stocken Sie diesen Anteil auf, je älter Sie werden.

Punkt 3: Diversifizieren Sie. Hüten Sie sich vor Gier. Davon reden die meisten, doch die wenigsten tun es. Die Vorstellung, eine Aktie zu kaufen und einen Zielkurs festzulegen und an diesem festzuhalten, ist ziemlich dumm, denn dabei setzen Sie eine Menge Wissen und Erkenntnis voraus, die Sie brauchen, um ein Kursziel zu ermitteln. Peilen Sie stattdessen lieber einen Ertrag für Ihren Planungszeitraum an. Wenn Sie in einem Quartal drei Prozent erwirtschaften und diese Rate beibehalten, dann sind das über zwölf Prozent im Jahr. Die meisten wären damit hochzufrieden und würden ihren Gewinn vom Tisch nehmen.

Berücksichtigen Sie die Risiken, insbesondere in Bezug auf die Aktienanlage. Sparen Sie etwas an. Sparen heißt nach meiner Definition, Geld mit geringen Risiken anzulegen. Legen Sie in jedem Quartal einen kleinen Betrag zur Seite. Warten Sie damit nicht, bis Sie 40, 50 oder 60 sind oder bis Sie eine

Gehaltserhöhung bekommen. Für mich ist das etwas so Grundlegendes wie Waschen oder Zähneputzen oder Sport treiben. Eine Anlagedisziplin muss man konsequent anwenden, und das vergessen meiner Ansicht nach die meisten.

Was Sie Ihren Kindern beibringen, ist meist ein guter Rat für Investoren jedes Alters. Bei mir zu Hause gilt für die Kinder die Ein-Drittel-Formel: Ein Drittel können sie ausgeben, ein Drittel sollten sie sparen und ein Drittel sollten sie spenden. Dieser Prozentsatz mag nicht in jedem Fall der richtige sein, doch als Grundregel ist er ganz gut geeignet.

Stephen P. Zeldes

Benjamin Rosen Professor für Wirtschafts- und Finanzwissenschaft, Columbia Business School

Mein Großvater Nathaniel E. Stein war Aktienmakler in New York. 1966 – ich war damals neun Jahre alt – nahm er mich gründlich ins Gebet und kaufte mir dann meine ersten Aktien. Wir entschieden uns für Aktien von IBM, Xerox und Tootsie Roll. Ich verfolgte die Kursentwicklung aufmerksam. In den Wochen nach unserem Einstieg war einer der Titel gefallen. Da schickte ich ihm aus unserem Feriendomizil in New Hampshire panisch eine Postkarte: „Sehr geehrter Herr Stein", schrieb ich, „mache mir große Sorgen um Xerox. Bitte um Ihren Rat. Habe bereits 15,00 Dollar verloren. Ihr Kunde Stephen Paul Zeldes."

Als ich aus dem Urlaub zurückkam, nahm ich überrascht und erfreut einen handgeschriebenen Brief meines Großvaters in Empfang, der aus fünf Absätzen bestand. (Seine Antwort und die besagte Postkarte wurden viele Jahre später wieder gefunden und hängen jetzt gerahmt bei mir an der Wand. Es folgt ein Auszug aus seinem Brief.) „Sehr geehrter Herr Zeldes", begann er, „bezugnehmend auf Ihre knappe und prägnante Postkarte, nehme ich mit Bedauern zur Kenntnis, dass Sie sich ‚große Sorgen' um den Verlust Ihrer Xerox-Position machen. Da es sich jedoch um Ihre erste Erfahrung mit der Komplexität der Finanzwelt handelt, sollten Sie wissen, dass Aktien nicht immer steigen. Sie haben Xerox gekauft, weil Sie eine Anlage wollten, die ‚wachsen' würde. Wachsen bedeutet, dass Ihr Unternehmen in jeder 3-Monats-Periode mehr Produkte verkauft und höhere Gewinne erwirtschaftet als in der vorangegangenen. Sie werden feststellen, dass ich für Sie 25 Aktien von Tootsie Roll zu 13 ⅝ gekauft habe. Der Kurs ist von 22 zurückgefallen und ich gehe davon aus, dass das Produkt im Laufe der Zeit immer stärker nachgefragt wird. Was nun Xerox anbelangt, so sollten Sie nicht besorgt sein, sondern wagemutig – und zukaufen. Sie investieren in eine Aktie, weil Sie an die Zukunft des Unternehmens glauben. Ist das nicht der Fall, dann sollten Sie verkaufen.

Mit den freundlichsten persönlichen Grüßen – und in der Hoffnung, dass Sie mir auch künftig Ihr Vertrauen schenken und Ihre geschäftlichen Angelegenheiten anvertrauen – verbleibe ich als Ihr ergebener Nathaniel E. Stein."

Während Xerox sich langfristig nicht als besonders ertragreich entpuppte (ich hätte verkaufen sollen, als ich die Postkarte schrieb), galt das für die Weisheit und den Rat meines Großvaters sehr wohl. Das Wichtigste, was ich mir von meinem Großvater in diesem Bereich abschaute, war das Vertrauen in die Funktion des Aktienmarktes und die Überzeugung, dass es wichtig war, sich auf dem Aktienmarkt zu engagieren. Damals in den 60er-Jahren, als ich die ersten zaghaften Schritte auf den Finanzmarkt tat, besaß nur ein Viertel der US-Haushalte Aktien – entweder direkt oder über Investmentfonds. Ich hatte das Glück, sehr früh von den Vorzügen des Aktienbesitzes zu erfahren und zu diesen 25 Prozent zu gehören. Von meinem Großvater lernte ich, dass es riskant war, am Aktienmarkt zu investieren (weil „Aktien nicht immer steigen"), doch dass die Anlage in ein breit gestreutes Aktienportfolio auf lange Sicht gute Erfolgschancen barg. Sicherlich verdanke ich den Gesprächen mit meinem Großvater auch ein Stück weit mein späteres Interesse und meine Neugier in Bezug auf die Finanzmärkte und die Wirtschaft.

Der Anteil der Haushalte, die sich auf dem Aktienmarkt engagierten, nahm in den 80er- und 90er-Jahren drastisch zu und liegt mittlerweile knapp über 50 Prozent. Das war in erster Linie auf die Veränderung der Altersversorgung in den vergangenen 25 Jahren zurückzuführen. Wir haben miterlebt, wie die vorherrschenden leistungsorientierten Altersversorgungssysteme zunehmend durch beitragsorientierte verdrängt wurden. Als Folge dieser Umstellung tragen die Menschen heute weit mehr eigene finanzielle Verantwortung für ihre Altersversorgung. Insofern ist es für den Einzelnen wichtiger denn je, fundamentale finanzielle Zusammenhänge zu begreifen.

Die folgenden grundlegenden Schritte sollte meines Erachtens jeder unternehmen, um seine Chancen auf Anlageerfolg zu erhöhen:

1. Beginnen Sie in jungen Jahren, Geld zu sparen und zu investieren. Überraschend viele Menschen verzichten auf (staatlich geförderte Anlageformen für die Altersvorsorge wie) 401(k)-Pläne. Vermeiden Sie diesen Fehler.

2. Investieren Sie einen erheblichen Teil Ihres Gesamtvermögens am Aktienmarkt. Verinnerlichen Sie, dass der Aktienmarkt Risiken aufweist, doch dass das zu erwartende Ertragsplus in den meisten Fällen dafür entschädigt.
3. Diversifikation ist entscheidend. Ein breit gestreutes Portfolio ist eine Grundvoraussetzung für langfristigen Anlageerfolg. Am besten erreicht man das durch Investition in Aktien einer großen Zahl von Unternehmen aus verschiedenen Sektoren oder durch Investmentfonds, die breite Indizes nachbilden. Ein verbreiteter Fehler, den viele begehen, besteht in einem übermäßigen Engagement in Aktien des eigenen Unternehmens. Dadurch verringern Sie die Streuungsbreite Ihres Portfolios und da Sie bereits durch Ihre Arbeit an dem Unternehmen beteiligt sind, sind Sie an verschiedenen Fronten angreifbar, wenn die Geschäfte schlecht gehen. Es könnte passieren, dass Ihr Gehalt gerade dann sinkt oder Ihr Arbeitsplatz verloren geht, wenn auch Ihr Aktienpaket im Wert fällt – und das ist aus finanzieller Sicht gefährlich. Besonders drastisch wurde das am Beispiel Enron deutlich, das man im Hinterkopf behalten sollte. Wenn Sie nicht gerade dem Management angehören und aus diesem Grund gezwungen sind, Aktien des eigenen Unternehmens zu halten, sollten Sie das im Allgemeinen lieber nicht tun.
4. Haben Sie keine Angst vor einem Engagement im Ausland. Dadurch verbessern Sie die Diversifikation Ihres Portfolios. Weil ausländische Märkte nicht vollständig mit US-Märkten korrelieren, bietet ein breiter Korb von Aktien aus anderen Ländern langfristig höhere Durchschnittserträge bei geringeren Risiken.
5. Es ist ausgesprochen schwer, stets den richtigen Zeitpunkt zum Ein- und Ausstieg und den richtigen Einzeltitel zu

ermitteln. Ein paar Leute haben damit tatsächlich großen Erfolg gehabt, doch weit mehr sind daran gescheitert – vor allem nach Berücksichtigung der Provision und anderer Transaktionskosten. Der Laie ist besser beraten, wenn er stattdessen Aktienindexfonds erwirbt, die geringe Kosten und Gebühren aufweisen.

6. Schließlich sollten Sie Ihr Wissen über finanzielle Dinge so weit wie möglich erweitern. Lesen Sie Artikel über private Finanzplanung und die wichtigsten makroökonomischen Informationen, wie sie im *Wall Street Journal* oder der *New York Times* abgedruckt werden. Wenn meine MBA-Studenten meinen Kurs in Makroökonomie an der Columbia Business School absolviert haben, dann haben sie, so hoffe ich, unter anderem gelernt, diese Artikel zu lesen und zu verstehen. Machen Sie nicht den Fehler, die Bedeutung finanzwirtschaftlicher Kenntnisse zu unterschätzen.

272 Seiten
gebunden mit SU
Bestellnr. 37212
24,90 Euro

T. Harv Eker – So denken Millionäre

Wir alle haben ein persönliches finanzielles Verhaltensmuster, das tief in unserem Unterbewusstsein verankert ist und unser finanzielles Leben bestimmt. Teil I dieses Buches erklärt, wie es funktioniert und wie Sie es erkennen und verändern können. In Teil II werden Ihnen 17 „Vermögensdateien" vorgestellt, die beschreiben, wie reiche Leute denken und sich in ihrem Handeln von armen Menschen unterscheiden. In jedem Abschnitt finden sich Handlungsschritte, die Sie im Alltag umsetzen können, um Reichtum zu erlangen. Wenn es Ihnen finanziell nicht so gut geht, wie Sie es gerne hätten, dann müssen Sie Ihr finanzielles Verhaltensmuster verändern. Genau das werden Sie mithilfe dieses Buches tun.

408 Seiten
gebunden mit SU
Bestellnr. 37215
29,90 Euro

Phil Town – Regel Nummer 1

In seinem Buch erklärt Quereinsteiger Phil Town, wie er mithilfe der wichtigsten aller Börsenregeln in fünf Jahren aus 1.000 Dollar eine Million machte. Town redet Klartext: „Ich werde Ihre Zeit nicht mit Gelaber verschwenden, nicht mit klugen Geschichten, die Ihnen Sachen sagen, die Sie bereits wissen. Der Deal ist einfach: Ich bringe Sie ans Ziel, und zwar Schritt für Schritt." Autor Phil Town ist einer der erfolgreichsten Vortragsredner der USA. Sein Buch ist keine theoretische Abhandlung. Es wurde von einem Praktiker für andere Praktiker geschrieben. Quereinsteiger Town bereitet die Materie „Geldanlage" unterhaltsam und auch für Einsteiger verständlich auf.

740 Seiten
gebunden mit SU
Bestellnr. 36249
34,90 Euro

Jenks / Eckett – Das Buch der goldenen Investmentregeln

Im „Buch der goldenen Investmentregeln" verraten 150 der renommiertesten Finanzexperten ihre Strategien. Die Experten stellen die wichtigsten Regeln vor, die in ihrem Fachgebiet zum Erfolg führen. Ob Aktien aller denkbaren Branchen, Derivate, Rohstoffe, Fonds, Währungen oder Trading – niemals zuvor wurde so viel hochklassige Beratung in ein einziges Buch gepackt. Wenn Sie Ihr Vermögen an der Börse vermehren möchten, dann ist „Das Buch der goldenen Investmentregeln" genau das Richtige für Sie. Profitieren Sie vom Wissen der Investment-Elite!